湖州电力优秀管理论文·2023

赵水忠　周国良　朱红卫◎主编

线装书局

图书在版编目（CIP）数据

湖州电力优秀管理论文 . 2023 / 赵水忠，周国良，朱红卫主编 . -- 北京：线装书局，2023.11
　　ISBN 978-7-5120-5771-5

Ⅰ . ①湖… Ⅱ . ①赵… ②周… ③朱… Ⅲ . ①电力工业—工业企业管理—湖州—文集 Ⅳ . ① F426.61-53

中国国家版本馆 CIP 数据核字 (2023) 第 223652 号

湖州电力优秀管理论文·2023

HUZHOU DIANLI YOUXIU GUANLI LUNWEN 2023

主　　编：赵水忠　周国良　朱红卫
责任编辑：于建平
出版发行：线 装 書 局
　　　　　地址：北京市丰台区方庄日月天地大厦 B 座 17 层（100078）
　　　　　电话：010-58077126（发行部）010-58076938（总编室）
　　　　　网址：www. zgxzsj. com
经　　销：新华书店
印　　制：三河市华东印刷有限公司
开　　本：710mm×1000mm　1/16
印　　张：11
字　　数：163 千字
版　　次：2023 年 11 月第 1 版第 1 次印刷

线装书局官方微信

定　　价：45.00 元

前　言

　　岁月不居，时节如流。散发着浓油墨香的《湖州电力优秀管理论文·2023》如期与大家见面了。

　　湖州市电力行业协会成立于 2005 年 6 月，湖州市"5A 级社会组织"，拥有供电、发电、热电、电力施工、电力设备制造和新能源企业等 72 家会员单位，基本覆盖了湖州全市电力行业所属各单位。一直以来，协会聚焦会员单位需求，认真履行"三个服务"的职责，持续开展优秀管理论文的评选工作，促进了企业管理水平和改革创新理念的提升。

　　2023 年，协会面向全市电力行业企业征集管理论文 46 篇，内容涉及安全生产、经营管理、低碳能源、党的建设等等，可以说，每篇论文都凝聚了电力人辛勤工作、潜心研究的实践与思考。协会本着好中选优的宗旨，经评审委员会评审，评选出一、二、三等奖 28 篇，并集结出版本书。年度优秀论文集作为协会学术交流互鉴的重要成果之一，吸引了广大会员单位的高度关注和积极参与，也成为协会服务工作的重要品牌之一。

　　在本书编辑出版过程中，得到了广大会员单位、各专委会和论文作者的大力支持和配合，在此表示衷心感谢。由于各方面原因，书中难免有不妥之处，敬请各位读者批评指正。

目　录

浅谈突发公共卫生事件情况下发电企业的能源保供困局破解方法

张爱民　蒋俊　段冲

概要： 自 2020 年初至 2023 年初，新冠肺炎疫情构成了全球关注的突发公共卫生事件，给全国乃至全球经济社会稳进提质带来较大影响。面对突发公共卫生事件，如何稳定安全地保障民生用电、为工业企业提供充足电力供应，这是发电企业需要深入解决的问题。本文主要以浙北地区某发电厂为例，以新冠肺炎疫情为典型，浅谈突发公共卫生事件对发电企业带来的不利影响，通过实例剖析了突发公共卫生事件情况下的能源保供困局破解之道，为同类型企业应对同类型事件提供了一定借鉴经验。

关键词： 公共卫生事件　新冠疫情　能源保供

在三年新冠疫情大流行过程中，各发电企业稳产保供面临巨大压力，浙北某发电企业结合企业实际，探索出发电企业应对突发公共事件、保障员工生命健康及能源安全供应的有效方法，有力完成了特殊情况下的能源保供工作。

1. 突发公共卫生事件对发电企业能源保供带来的影响

1.1 对企业日常管控的影响

一旦出现突发公共事件，保障职工的生命安全必然摆在首位，这将增加企业日常管控的难度，要在日常管控中防住疫情、稳住生产、促进发展，势必要投入更多的人力物力精力。

1.2 对企业物资供应的影响

1. 对生产物资供应的影响：发电企业日常生产检修维护对备品配件的消耗量还是较大的，因此疫情等突发公共卫生事件对于生产物资的供应链影响不容小觑，尤其是液氨、尿素等大宗商品，一旦供应商或发电企业所在地出现疫情引起的区域交通管制，对发电企业的安全稳定生产影响将不可估量。

2. 对生活及应急物资供应的影响：为了保证员工在厂内的正常生活，首先要保障生活物资和应急救援物资的足量供应。而疫情增加了生活物资、应急物资的供应不确定性，这也为企业带来较大影响。

3. 对电煤供应的影响：发电企业供煤方式一般有水路和陆路两种方式。当形势紧迫时，可能导致发电企业、煤炭供应企业所在区域临时封闭管制或者煤炭运输部分航道封航、铁路停运等情况，这将意味着发电企业面临严重的"口粮荒"。

1.3 对机组检修的影响

发电企业机组检修一般包含各专业多个项目，涉及主机、辅机等多个系统设备，所需人力、物力均是日常运行维护的数倍，而突发公共卫生事件因形势复杂，各发电企业不得不在安排机组的检修计划时将疫情作为其中考虑的因素之一。以新冠疫情为例，对机组检修的影响主要体现在以下几个方面：一是机组检修物资、重大配件的顺利进厂受影响，一旦供货商所在地发生疫情，难免会遭遇备品配件无法抵运入厂的情况；二是机组检修队伍人员散杂，来自全国各地，如何在做好机组检修的同时防控疫情也是一个较大的问题。

2. 聚焦三方面，立体化破解困局

针对新冠肺炎疫情，该公司聚焦"常态防控、应急处置、机组检修"

三个方面，构建出破解疫情防控压力下的能源保供困局模型，在化解疫情防控与能源保供的矛盾方面取得实效，推动企业实现安全生产，护航经济社会稳进提质。

2.1 抓常态化防控，确保全方位覆盖不留死角

该发电企业在疫情初期就建立了疫情防控工作责任体系，制定新冠肺炎疫情常态化防控工作方案。健全组织机构，设立疫情防控工作领导小组、疫情防控工作保供及安全生产工作小组、疫情防控后勤保障及工作联络小组、疫情防控工作监督工作等小组四个工作小组统筹推进常态化疫情防控工作。坚持科学预防的原则，科学佩戴口罩、减少人员聚集、做好通风消毒、健康宣传教育、常态化核酸检测、人员出入管理等工作。为保证疫情防控的持续有效性，该企业在疫情防控紧要关头，加强企地合作联系当地社区医院提供上门集中核酸采样服务，大大降低员工的外部接触风险。在人员出入管理方面，该公司充分利用信息化手段，利用该企业内部数字化平台进行出省审批等，确保了人员信息的掌握及时性。

2.2 抓应急能力建设，强化突发事件应急响应

1. 该公司制定能源保供与疫情防控应急预案，形成了"1+2+8"的应急体系，即1个应急指挥部，2个专班（能源保供和疫情防控），8个工作小组（具体如表一所示），结合属地疫情防控应急管理相关规定要求设置为四级应急响应（具体如表二所示），根据不同情况，启动相应级别应急预案。

表一　能源保供与疫情防控工作小组职责

序号	小组	主要工作职责
1	物资供应组	负责应急响应所需生产生活物资（含液氨等大宗商品）、防疫物资等的盘点与采购。
2	后勤保障组	负责应急处置期间的应急人员接送车辆、餐饮、住宿安排以及厂内隔离点设置、环境消杀等后勤保障工作。

续表

序号	小组	主要工作职责
3	对外协调组	加强与属地政府沟通联系，建立长期对外协调机制，做好交通卡点运输车辆通行联系及办证相关工作。
4	流调管控组	组织排查出入疫情风险区域人员、中高风险地区返厂人员的动态信息并对密接者、次密接者、初筛阳性进行初步流调。
5	核酸检测组	负责核酸检测工作的总体协调，定期开展核酸检测，加强网格化管理，跟踪检测采样进展和人员登记工作，实现"应检尽检"。
6	隔离转运管控组	负责应急处置期间人员疏散、警戒保卫工作以及厂内隔离人员的转运、隔离、管控工作。
7	宣传与舆情处置组	做好新闻宣传报道和舆情引导管控、应急知识宣传教育，安抚相关人员情绪，配合当地政府及有关部门进行信息发布相关工作。
8	监督执纪组	负责监督公司能源保供和疫情防控工作开展情况，对于工作落实不到位等问题及时督导整改，视情况提出考核及问责处理意见。

表二 能源保供与疫情防控应急响应等级设置情况

应急响应等级	启动条件
四级响应	湖州市出现新冠肺炎疫情。
三级响应	（1）公司所在区县出现新冠肺炎疫情。 （2）公司厂内人员（含外包单位）被判定为密接人员。
二级响应	（1）公司所在街道出现新冠肺炎疫情。 （2）公司所在区域被列为防范区。
一级响应	（1）公司出现新冠肺炎疑似病例或确诊病例。 （2）公司所在区域被列为管控区或封控区。

　　为了进一步提高响应能力，该企业组织各相关部门开展了多次系统性的桌面、实战演练，取得长足进步。

2. 针对电煤供应，为提高应对燃煤低库存的应急响应和处理能力，该公司通过制定电煤保障应急预案，建立快速、有效的保障机制，强化燃煤库存预警与应急响应管理，分为三级应急响应（如表三所示），最大限度地减轻燃煤供给事故造成的损失和影响，保证锅炉稳定和连续运行，保障全厂机组安全、经济和稳定运行，确保设备设施安全。

表三 电煤保供应急响应等级情况

应急响应等级	启动条件
三级响应	燃煤可用天数高于 11 天低于 15 天（含）
二级响应	燃煤可用天数高于 7 天低于 11 天（含）
一级响应	燃煤可用天数低于 7 天（含）

2.3 抓检修期间管理，有效防范疫情输入风险

该企业针对机组检修人员杂、工作多、疫情防控难的特点，在保证常态化管控、信息报送管理外，制定了机组检修疫情防控专项方案，按照"谁用工、谁管理、谁负责"原则，要求各职能部门各司其职、协同配合，严格贯彻风险管控思维，科学、有序地开展各项工作。

检修人员管控方面：首次入厂前核对检修人员浙江健康码、行程卡、一人一表、疫苗接种完成证明以及有效时间内的核酸阴性证明，逐一当面审核、留档；检修人员出行要审批报备，严禁私自外出。检修人员用餐方面：施工期间统一安排参修单位人员就餐地点，并提供盒饭，参修单位提前一日在报送次日用餐人数，并指定专人领取后在规定区域内用餐。检修物资车辆进出管理方面：入厂前在驾驶室贴上疫情防控封条，司乘人员入厂后全程不下车，快速卸货，禁止过夜，物资接卸流程采用"零接触"全程闭环管理。现场作业管理方面：施工人员实行区域管理，设置固定进出路线；设置临时办票室，施工人员不得进入集控室；尽量减少进出仓库区域，制定专人领料。

该方案的实施大大降低了机组检修期间检修人员与本企业人员的交叉感染风险，有效提高了机组检修期间的疫情防控成效，从而保障了圆满完成机组设备检修任务，为能源保供打下坚实基础。

3. 结语

　　该公司从常态防控、应急处置、机组检修三个方面发力，构建出破解疫情防控压力下的能源保供困局模型，为推动经济社会稳进提质提供坚强的能源保障，对其他发电企业有效应对类似突发公共卫生事件具备较高的参考价值。

浅析人工智能对供电服务品质的影响

吴文娟　顾孟雷

摘要：互联网的快速发展，推动信息社会进入到大数据时代，大数据催生了人工智能。通过探索人工智能与电网业务领域的融合，应用智能化技术，构建配网智能抢修指挥应用，以机器智能代替人工劳动，实现工作更可靠，效率再提升，服务新突破。

关键词：人工智能　供电可靠性　优质服务

国家电网公司始终秉承"人民电业为人民"的服务宗旨，以进一步提升供电可靠性，满足人民美好生活向往为己任。但随着经济社会的发展，人们对供电质量和服务品质的需求不断攀升，传统的服务模式和供电质量均已达不到客户的期望值。人工智能作为互联网时代孕育的新生命，能有效模拟人类思维解决实际问题，对提升工作质量和工作效率起到积极的促进作用，从而被广泛地应用到供电服务工作中。

1. 建立人工智能虚拟坐席，助力故障报修快速处置

借鉴国际主流人工智能自主学习模式，通过人工智能学习客户历史报修信息、供电所组织架构、故障抢修工单处理规范等，模仿真人思维方式，建立人工智能意义的虚拟坐席，辅助开展故障报修处置工作。

1.1 自动解析报修地址，实现故障工单智能派发

虚拟坐席通过抽取历史故障报修工单中的报修地址、户号、联系电话等信息，进行"关键字"数据检索和解析，并与公司组织架构相匹配，实现故障工单的秒级自动派发。对于交叉区域或模糊地址通过检索联系方式或不断优化完善地址库信息等方式，促使工单派发准确性不断提升。虚拟坐席兼具同时派发、智能合并等功能，即同一时间下发多张工单，可实现同时分派至各个不同的处理单位，相同或相似地址下发多张工单，通过综合研判分析，对同属于一个故障的工单开展自动合并。保障了故障工单派发的及时性、准确性，提升工单流转效率，减少重复作业率。

1.2 建立人机深度交互，实现故障工单智能管控

基于人工智能语音调度引擎，结合配网抢修规程、95598业务管理办法等知识，模仿真人思维交流方式，在故障工单的特殊环节与现场抢修开展人机交互，辅助完成智能接单、智能预警、智能回单三大功能。即：针对工单下派2分钟仍未接单的，虚拟坐席自动拨打抢修人员值班电话，通过人机交互，实现机器代人辅助接单。虚拟坐席自动检测工单信息并与系统内重要客户信息、历史服务记录等相匹配，对于存在服务风险的工单开展自动预警，通过针对性预警信息的提示，有效辅助现场抢修提升风险预控能力。抢修完毕，工作人员只需拨打虚拟坐席电话，告知现场抢修结果，即可将繁琐的回单步骤交给虚拟坐席填报处理，不仅提升抢修作业的工作效率和工作质量，还能有效释放人力资源。

2. 开展设备运营主动研判，实现配网故障智能抢修

以调度电网事故、配网监测设备故障告警和运检客户报修工单等各类故障事件为驱动，汇集配电网站－线－变－户的各监测设备的运行、故障等全状态数据，开展基于动态数据驱动的故障综合智能研判。

2.1 以故障事件为驱动，实现配网故障综合研判

开展基于动态数据驱动的故障综合智能研判，辅助开展故障分析与决

策。实现故障设备位置的初步定位、故障停电范围信息（区域、设备、用户）的自动生成，提高故障研判指挥效率。

2.2 以抢修指标为模型，优化抢修队伍驻点分布

一是依据抢修站点内接单数量、故障类型、到达现场时长、故障处理时长、处理满意度及路径等信息构建抢修评估模型。结合故障抢修过程中有关的投诉、意见、催办等客户诉求信息，分析故障区域分布、故障多发原因、抢修资源能效最优半径、服务质量及抢修策略最佳方式。一方面为后期的配网运维检修提供决策依据，另一方面为抢修资源的合理化配置及智能派工提供辅助支撑。二是采用熵值法进行不同维度指标的加权，最终得到抢修站点的效能评分，据此指导抢修站点的布局优化。结合"抢修驻点布局优化"算法得出的理论抢修站点个数、位置，给出抢修站点建议。当"抢修驻点"分布最优化时，到达现场时间可有缩短，实现故障报修后的快抢修、快复电。

2.3 以抢修结果为导向，开展故障分析及评价

一是以 95598 故障报修工单、社会联动故障工单、主动抢修工单为数据源，根据现场抢修反馈的真实故障点位置及停电起始设备的结果信息，结合关联的故障信息、停电影响设备、终端安装位置关系、电网拓扑关系及终端停电告警事件，进行故障反演分析，分析终端告警事件的准确性，误报、漏报终端异常情况，安装位置准确性，拓扑数据一致性等问题。二是通过对故障抢修的流程和步骤的关联分析，查找和改进配网故障抢修过程中的可优化环节，缩短故障抢修时间，结合历史的抢修情况参与故障类型、故障原因、天气等因素生成可参考的抢修策略建议。通过强化故障事前、事中和事后分析，为专业部门在配网故障抢修方面提供辅助支撑。

3. 创建故障停电智能通知机制，实现被动服务向主动服务的转变

故障停电的发生具有不可预知性，若发生停电，客户必定急于知道复

电时间和停电原因。因此如何在最短的时间内将停电信息有效地传递至客户，是进一步提升供电优质服务的重要方面。

3.1 停电短信通知到户，开启主动服务新模式

通过营销基础档案信息及站－线－变－户关系校核，进一步提升营配贯通率。利用营配贯通数据结果，在供电设备发生故障停电时，系统自动匹配该故障设备所对应的营销系统客户，并通过短信方式第一时间将故障停电信息通过短信方式告知客户。停电短信通知到户，是对营配贯通的深化应用，是营配贯通实用化的真实体现。在客户未知的情况下，提前将故障情况通知到位，便于客户及时了解，及时应对。改变了原来由客户自主报修，供电部门被动抢修服务的服务理念，将被动服务转变为主动服务，是电力优质服务的新起点、新征程。

3.2 智能公告故障停电，促进优质服务再提升

对于未接到停电短信的客户或者急于进一步了解故障停电状况的客户，在停电后，可能会向 95598、12345、110、119 等服务热线、政府机构、联动部门进行咨询。为确保相关单位及时准确掌握电力故障停电情况，供电公司在系统故障告警信号生成的同时，自动解析生成故障停电区域、预计抢修时间等信息，并按规定的格式编制成故障停电信息。通过系统贯通、短信发布等方式，瞬间将故障停电信息发布至 95598 供电服务热线、110 及 119 应急联动中心、12345、96345 政府服务热线等。并以此为媒介，及时向来电的客户做好停电解释，缓解客户因不明停电原因造成的急躁与恐慌。

4. 结论

4.1 人工智能促进生产力提升

一是提升人力资源利用率。通过人工智能的应用，有效替代员工的重复性、繁琐性工作。将人力资源从技术水平低下的工作中释放出来。二是

提升工作质量与效率。通过机器代人解决因长期从事单一性、重复性工作而造成疲劳性工作差错，实现工作质量更可靠，工作效率更提升。

4.2 人工智能促进供电可靠性提升

一是以主动研判信号为依据，辅助抢修人员开展故障分析与决策，精准定位故障点，实现故障抢修效率再提升。二是优化抢修驻点分布，促进抢修快速到达故障现场，进一步缩短现场抢修用时。三是以抢修结果以导向，优化抢修服务策略、完善配网设备运维，实现少停电、快复电，促进配网供电可靠性再提升。

4.3 人工智能促进供电服务品质提升

一是依托营配贯通数据结果，及时、主动向客户推送故障停电短信，实现"被动服务"向"主动服务"的转变。二是人工智能辅助抢修作业，促进抢修效率和质量的提升，减少对外停电时长和数次，进一步彰显了公司的社会责任担当。三是客户对供电服务满意率不断提升，2022 年公司故障回访满意率已达 99.80%。

社会公共充换电站综合服务能力指数研究与应用

黄慧军　毕祥宜　徐荣华

摘要：随着"双碳"的目标提出，以及世界能源危机和碳排放权交易市场的启动的双重影响，电动汽车市场将迎来一个爆发式的增长，充电问题成为电动汽车行业发展的一大难题。基于充电桩业扩报装以及各时段用电量变化情况，从能效、短板、布局、调节四个角度构建区域内充电桩综合服务能力指数，旨在助力低碳出行的同时有效支撑电动汽车负荷与区域内电网互动，并给政府接下来开展社会公共充换电站的布点提供依据，补齐充电站的短板，提高数字社会治理能力。

关键词：电力经济指数　主观赋权法　辅助决策

引言

截至 2022 年 3 月底，全国新能源汽车保有量达 891.5 万辆，其中纯电动汽车保有量 724.5 万辆，占新能源汽车总量的 81.27%，一季度新注册登记新能源汽车 111 万辆，与去年同期相比增加了 64.4 万辆车，增长 138.20%，呈高速增长态势。以浙江省为例，私人电动汽车保有量已超过 19 万辆，全省累计私人充电桩报装 10.54 万户，私人电动汽车的车桩比为 1.8:1，距离实现车桩比 1:1 的目标还有一定差距。为此国家发改委、能源局《关于进一步提升充换电基础设施服务保障能力的实施意见》[1] 明确要求：提升城乡地区充换电保障能力，加强充换电设施运维和网络服务，做好配套电网建设与供电服务等。

1. 综合服务能力指数模型的构建

1.1 确立服务能力指数因子

通过对内外部数据的挖掘、清理与调研,发现在众多的影响因子中,由于内部外数据渠道较多且较难,选择需坚持两个基本原则。一是科学性:客观地选择具有代表性的因子,并能明确指标的概念以及准确地解释指标所表达的含义。二是可操作性:所选指标因子数据资料收集方便,收集的过程中要能保证数据的时效性和准确性,同时还要尽量简单明了、微观性强,使得量化的评价与监测工作方便操作。

1.2 构建服务能力指数体系

现有的公共充电桩是否够用、布局是否合理、市场需求是否得到及时满足、峰谷电价机制是否真正起到了调节作用成为大家一直以来关注的方向。长兴公司通过深入政府要害部门、街头随机走访,归纳出"能效指数、短板指数、布局指数、调节指数"为支撑的多维服务能力指数,并且明确了各自定义以及合理的评价标准。

1.3 研究服务能力赋权赋分

四个维度指数的赋权赋分是测算综合指数的重要环节,对权重的赋值是否合理将会影响充电服务能力的评判。通常情况下,赋权可以分为主观赋值法和客观赋值法两大类。服务能力指数主要为地方政府充电站精准布点提供决策服务,选用主观赋值法可根据调整动态赋值,而选用客观赋值法则不能体现不同属性指标的重视程度,可能会产生已定的权重与实际重要程度相差较大的情况。

公司选取主观赋权法中的专家调查法进行权重赋值,选取了发改局、经信局以及省市供电公司的部分专家为对象,进行权重分配的多次调研,同时利用大数据"层次分析法"对各指数进行权重赋分多轮测算,确认充换电站综合服务能力指数,能力指数赋权赋分权重见表1。

表 1 服务能力指数指标赋权赋分权重

指标名称	权重
能效指数	70
短板指数	20
布局指数	5
调节指数	5

1.4 搭建服务能力指数体系模型

通过因子的选择、指数体系构建以及指数权重的研究分配，搭建了服务能力指数体系：能效指数 ×70%+ 短板指数 ×20%+ 布局指数 ×5%+ 调节指数 ×10%。服务能力指数指标体系模型 [2] 说明见表 2。

表 2 服务能力指数指标体系模型

指标名称	指标定义或计算公式	评分标准	统计说明
能效指数	辖区（地市/区县）月总电量/合同容量	（本单位电容比 − 所有单位最差电容比）×0.5/（所有单位最优电容比 − 所有单位最差电容比）+0.5	通过社会公共充换电站的运行容量可计算得出理论最优运行冲换电量值，用该区域的实际电量比上该区域的理论最优运行冲换电量值，即为该地区的能效利用率。所有地市（区县）的能效利用率通过插值赋分法即可得到该地区的能效指数。
短板指数	（电量增量/容量增量 − 平均容载比）/平均容载比	（本单位短板系数 − 所有单位最差短板系数（小于 0 赋为 0））×0.5/（所有单位最优短板系数 − 所有单位最差短板系数（小于 0 赋为 0））+0.5 注：区县级：某月单位最差、最优短板系数从全省所有区县选取 地市级：某月单位最差、最优短板系数从全省 11 个地市选取	根据数据可得出每一台电动汽车理论须配套的社会公共充换电站容量，将此定义为理论车均配套容量，用增量车均配套容量与理论车均配套容量进行比较即可得到短板系数。取短板系数的绝对值进行计算，所有地市（区县）的短板系数通过插值赋分法即可得到该地区的短板指数

指标名称	指标定义或计算公式	评分标准	统计说明
布局指数	月总电量／总容量	（所有单位差异程度最大值－本单位布局差异程度）×0.5／（所有单位差异程度最大值－所有单位差异程度最小值）+0.5 单位差异程度最大值、最小值从全省各区县选取。	$$布局差异程度=\frac{\sqrt{\frac{1}{n}\sum(充电站电容比－所在地市电容比)^2}}{\frac{1}{n}\sum 充电站电容比}$$ 差异程度越大，布局越差。其中地市布局指数：该地市下所有区县布局指数与充电容量占比加权平均
调节指数	辖区（地市／区县）月谷电量／月总电量	（本单位谷电量占比－所有单位最差谷电量占比）×0.5／（所有单位最优谷电量占比－所有单位最差谷电量占比）+0.5 注：区县级：某月单位最差、最优谷电量占比从全省所有区县选取 地市级：某月单位最差、最优谷电量占比从全省11个地市选取	地市（区县）的充换电站谷电量与该地区的充换电站总电量进行比较，得到调节系数。所有地市（区县）的调节系数通过插值赋分法即可得到该地区的调节指数

2. 能力服务指数的应用

2.1 服务能力指数的输出

以 2021 年 3 月份相关数据为依据，从多组原始数据换算 4 个维度指标得分，依据指标体系模型计算服务能力指数。全省社会共充换公电站综合服务能力总指数前三名为杭州、宁波、湖州，分别是 88.80、82.99、81.35。与 2019 年 3 月份相比，绍兴、台州、丽水、衢州以及温州 5 个地市指数有所提高。

表3 2021年3月份服务能力指数得分明细

地市	能效指数	调节指数	布局指数	短板指数	充换电桩综合能力指数
杭州市	100	56.67	99.36	50	88.80
台州市	62.17	80	98.07	52	67.02
绍兴市	58.74	100	99.05	53	68.72
温州市	90.71	50	99.06	52	81.05
舟山市	50	50	98.79	87	54.28
金华市	57.04	53.33	98.59	60	58.52
宁波市	92.07	53.33	99.57	58	82.99
湖州市	85.41	70	99.29	52	81.35
嘉兴市	70.48	60	98.89	66	69.58
丽水市	61.09	73.33	98.15	56	65.13
衢州市	50.49	60	98.05	100	57.24

其中分项短板指数，以2021年4月份短板指数统计分析，从图可以看出：舟山、衢州指数得分相对较高，说明短板相比其他地市较小，短期内充电桩供应短板出现可能性较低，杭州、湖州、台州短板指数得分偏低，短板相对明显。短板指数得分越低则短板越高说明存在供不应求的风险越大，应该根据市场电动汽车的增加量同步做好充电桩的布点。

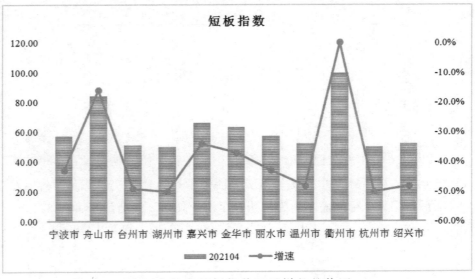

图1 各地市短板指数以及增长趋势图

2.2 服务能力指数的展示

通过数据的集成及数据模型的建立，采用快速迭代、小步快跑的模式不断优化模型，搭建充换电站综合服务能力画像功能，通过标签聚合换算指数得分的形式进行评价。

长兴公司同步积极对接政府平台，力争将充电站能力服务指数指标体系嵌入浙江绿色发展指数平台，可以从按照地市、县区、典型充换电站三个层级分别进行展示，各区域的排名情况以及具体明细情况通过数据交互，系统化地进行输出。

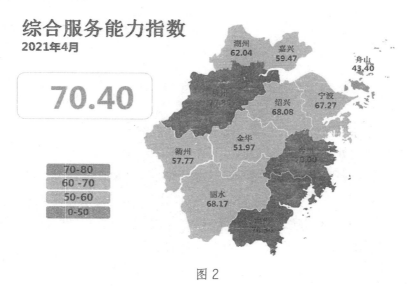

图2

2.3 服务能力指数的成效

2021年5月已生成新一期"电力看浙江"大数据主题分析报告呈报省政府相关部门，通过该报告政府可提前对短板趋势明显的地区进行布点。

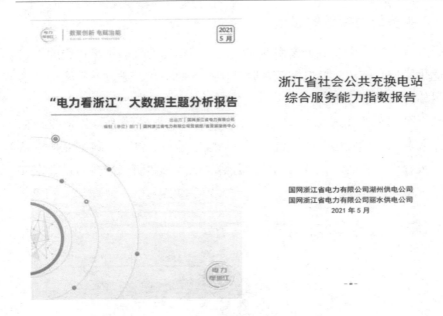

通过充换电站综合服务能力指数发现长兴供电公司原泗安仙山湖景区充电桩由于地处偏远，充电量偏少，充电桩总体利用率低。根据本地区充换电站综合服务能力指数较高的站点进行的布局调整，将原泗安仙山湖景区站点的 8 个迁移一半至长州路，迁移至国网长州路充电站的 4 个直流桩却带来了日均 2000 千瓦时的新增充电量，切实提升了充电桩运营效率效益。同时运用政策引导充分发挥电动汽车大型移动"充电宝"的功能，调节城市峰谷用电，支撑城市电力需求响应工作，助力高弹性电网建设。

3. 结语

长兴公司将继续加大与政府、电动汽车服务公司交流，联合内外部数据进行多款模型的研究、不断优化数据模型，在服务政府与社会、服务电力企业、服务电力用户方面发挥积极作用。尽快将充电桩综合服务能力指数体系嵌入省能源数据中心平台，根据月份展示各区域的指数情况以及根据区域展示各月份的指数情况，未来计划纳入浙江省"城市大脑"应用场景，进一步扩大应用范围。

参考文献

[1] 黄慧军．基于大数据的供电所业务支撑和效能分析 [J]：农村电工，2020 [07]：23

基于"企业文化中心"建设为路径的基层国有企业思想政治工作提升

王婉伊　莫金龙　费旭玮

摘要： 国有企业是中国特色社会主义的重要物质基础和政治基础。企业文化作为新的现代企业管理理念，为企业思想政治工作创新引入了新的载体。国有企业要充分发挥"企业文化中心"建设的政治性、思想性和群众性，积极探索"企业文化中心"建设工作体系，为加强思想政治工作质效，实现企业文化高质量发展提供有效支撑。

关键词： 国有企业　企业文化　思想政治工作

引言

党的十八大以来，习近平总书记多次强调宣传思想工作的重要性，强调加强思想政治工作必须以新时代中国特色社会主义思想为指导。浙江省紧扣新形势，印发《新时代浙江省企业文化建设五年行动计划纲要（2021-2025年）》和《关于推进"企业文化中心"建设的指导意见》明确企业文化作为新的现代企业管理理念，为企业思想政治工作创新引入了新的载体，开展"企业文化中心"建设为加强思想政治工作质效，实现企业文化高质量发展提供有效支撑。

1. 背景与目标

1.1 背景

国有企业由于公司属性存在"重党建、轻文化"的普遍现象，企业文化阵地建设缺乏体系性、企业文化队伍建设不完善、企业文化输出形式过于传统，员工缺乏企业文化建设践行自觉，企业文化作为思想政治工作的一项重要管理手段，探索建立一套长效机制势在必行。

1.2 目标

企业文化中心是企业开展思想政治工作的"宣传阵地""灵魂工程""和谐家园"，需要统筹资源体系化推进，是一项系统工程，企业结合自身行业特色和企业实际，从顶层设计着手，构建"目标、实践、优化、保障"4大体系，组成基层国有企业企业文化中心建设工作体系，形成"价值引领、齐抓共管、持续长效、以人为本"的工作格局。

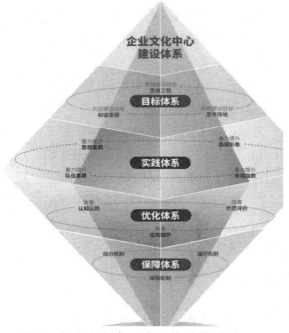

图1　企业文化中心建设体系模型图

2. 主要做法

2.1 "四个着力"，多维度全景深化实践

2.1.1 深入开展学习教育，凝聚共识。全覆盖抓好理论学习，突出扩展学习广度，以习近平新时代中国特色社会主义思想为引领，积极践行社会主义核心价值观，针对群众、党员、干部等不同群体开展学习教育活动。开展主题学习教育，突出聚焦学习深度。坚持问题导向，通过主题学习进一步提升党的核心领导作用和把准企业正确发展方向。

2.1.2 开展特色品牌建设，激发活力。打造特色文化产品，以短视频、文创产品、企业文化故事等新形式逐步形成具有标识度的企业品牌，扩大外部影响力。打造特色文化阵地，立足企业实际整合资源分层分类开展，公司层面打造综合性展厅，建设道德讲堂、文体活动室、职工书屋、阳光心灵家园等场所形成企业文化中心阵地矩阵；基层一线单位建设企业文化长廊、志愿服务工作室和劳模创新工作室，充分展示和服务基层员工。打造特色传播模式，开展宣讲团进站所、进班组、进工地"三进"活动，对内激励职工；积极融入新时代文明实践中心建设工作大局，依托企业对外窗口、网点建立新时代文明实践点，在志愿服务深化中彰显价值。

2.1.3 提升人才队伍素质，发挥优势。搭建员工成长成才平台，加强入职新员工教育，上好入企第一课，帮助树立正确的职业观和价值观；推进轮岗交流，注重党务业务双向锻炼，着力培养"又红又专"复合型职工；建立职业生涯发展通道，创新不同类型发展渠道，丰富基层管理、转岗、晋级培养方式。加强职工思想道德建设，开设道德讲堂，广泛开展优秀传统文化教育，开展社会公德、职业道德教育；突出主题组织培训班，分类组织领雁学堂、鸿雁学堂、青雁学堂，开展国学经典讲座，突出红色基地实践。聚焦职工技能水平提升，举办劳动技能竞赛和岗位练兵，由下至上打实技能基础；开展劳模创新工作室创建，通过"名师带徒"活动，建立优秀典型培育梯队；开展技能业务培训，建立培训工作机制，有效提升职工业务能力。

2.1.4 坚持以人为本理念，形成合力。强化员工价值创造，建立企业人

才库、员工评价体系，帮助企业员工树立明确奋斗目标，实现自身价值。建立关心关爱帮扶机制，建立职工诉求服务中心，加强民主管理，强化民意表达渠道；依托"员工心灵港湾工作坊，加强职工心理疏导；推进"暖心驿站"建设，继续优化职工办公环境；繁荣职工文化，开展各类文体活动。注重典型激励，选树先进典型，开展"最美员工""湖州好人"等系列评选，涌现出投身志愿服务的"全国四个100最美志愿者"员工闵华、敬业奉献浙江好人程凯等先进典型。

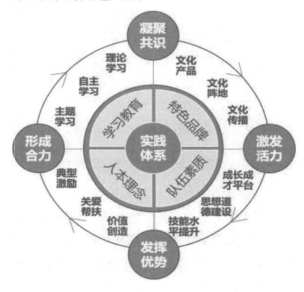

图2 "企业文化中心"建设的实践体系图

2.2 "三个改善"，实现体系自我优化提升

2.2.1 改善认知认同。针对员工，通过企业文化专项培训、主题沙龙和新时代企业文化认知认同评价，提高员工主动性，扩大企业文化建设内部认同度。针对管理人员，创新工作模式，更新传播内容、创新传播载体、丰富文化行为、改善文化互动、完善评价评估，提升管理水平。针对领导人员，注重将企业文化建设与中心工作、党建工作同部署、同落实、同考核，发挥领导人员顶层决策作用，实现文化强企。

2.2.2 改善示范评价。对内开展"企业文化中心"建设评选工作，针对窗口类、生产类、行政类等不同类型基层单位制定对应"企业文化中心"建设评价体系，形成"点连成线、线动成面"的企业文化建设工作格局。对外加强媒体宣传，扩大企业文化建设成果，构建新时代具有中国特色的企业文化；加大思想政治理论研究，提炼形成具有创造性、可推广性的研究成果。

2.2.3 改善应用维护。强化标杆应用机制，将示范标杆做法、案例应用到文化交流平台、文化学习活动、文化提升课程，做好成果转化；强化成果维护机制，将文化建设示范成果与企业文化中心建设标准相互匹配，开展"初建维护、示范维护、常态维护"，将示范成果改善到位；强化储备创新机制，排摸发展潜力优越的单位成立文化项目储备库，根据生产班组、营销班组、行政班组等不同类型，进一步从"专业度强、专注度高"上落实企业文化中心建设要求，升级储备项目品质。

2.3 "三位一体"，建立闭环长效管理机制

2.3.1 动力机制。政策发力机制，党委印发相关建设指导意见和细则，为基层单位开展企业文化中心建设提供制度保障；理想激励机制，将企业文化建设纳入思想政治工作重要内容，强化思想理论教育和价值引领，将企业文化建设与员工职业发展相结合，营造人人重视企业文化建设的良好氛围。公司下发《关于印发企业文化建设"旗帜领航·文化登高"实施方案的通知》，将相关内容纳入形势政策教育和青工职业发展评估重点课题，以制度和机制保障该项工作推进。

2.3.2 运行机制。标准制定机制，立足实际情况制定共性指标，根据各行业、工种性质不同制定个性指标，精准设置企业文化中心建设标准，避免建设出现形式化、表面化、模式化的情况，公司印发《基层供电所企业文化建设一本通》《基层供电所企业文化建设实践指导手册》《基层供电所企业文化建设实践应用指南》，体系化建立基层企业文化建设标准；工作宣传机制，将企业文化建设宣传纳入年度宣传重点，创新工作宣传方式，加强与外部媒体等宣传资源合作，扩大宣传影响力。

2.3.3 保障机制。组织保障机制，建立企业文化建设工作领导小组，

全面负责对外和对内企业文化建设，由党建部门和主营专业部门成立企业文化建设工作领导小组办公室，实现"党建部门主导，专业部门协同，基层单位落实"的工作格局；考核评价机制，加强顶层设计，工作纳入月度组织绩效考核和年度党建工作综合考评，实行"月度激励，年度评价"机制，同步纳入党建责任目标考核体系，强化党组织书记作为企业文化建设第一责任人的义务。

3．结论

企业文化建设对于弘扬社会主义先进文化、做好思想政治工作和提升企业发展水平具有较大影响。在市场化越来越开放的今天，人才竞争也愈发激烈，企业文化中心建设要实现以下几个作用：要有导向作用，以习近平新时代中国特色社会主义思想为指导，遵循企业战略发展方向，需要兼顾短期利益和长期规划。要有凝聚作用，建设优秀的企业文化能把员工凝聚在一起，向员工提供一种共同的、优秀的价值观，达到知行合一、凝心聚力的效果。要有约束作用，构建企业文化价值理念体系，完善思想指导、价值观念、行为准则、文化知识等，能使员工正确支配和控制自身行为，形成自我约束力。要有激励作用，助推企业内部形成积极进取、从善如流的氛围，帮助员工摈弃错误、陈旧的思想观念和价值观点，促进其思想观念和精神境界的提升，激励员工为实现企业目标奋斗，实现自我发展、自我创造。

参考文献

[1]孙刚．论思想政治工作与企业文化的内在关系[J]．新一代，2019，15：172

火电企业配煤掺烧灵活性管理实践

张红光　马可研　钱乐乐

摘要：近几年，随着我国经济进入新常态，供给侧结果性改革和电力体制改革的不断推进，火电企业面临利润空间不断被压缩的情况，供大于求的矛盾日益凸显。掺烧经济煤成为众多火电企业穷途困境中的自救稻草，而在经济煤种掺烧与机组安全、环保、经济运行不平衡的形势下，精细化掺烧显得尤为重要，本文介绍了经济煤种掺烧过程管理经验，为同类型设备企业提供借鉴。

关键词：配煤掺烧　灵活性　经济煤种

概要

近几年，随着我国经济进入新常态，供给侧结果性改革和电力体制改革的不断推进，火电企业面临利润空间不断被压缩的情况，供大于求的矛盾日益凸显。掺烧经济煤成为众多火电企业穷途困境中的自救稻草，而在经济煤种掺烧与机组安全、环保、经济运行不平衡的形势下，精细化掺烧显得尤为重要。火力发电企业大量掺烧经济煤种，部分时段锅炉全烧经济煤种，大量经济煤种同时涌入锅炉，使锅炉燃烧煤炭性质发生了根本性变化，严重偏离设计值，燃用高挥发分、高水分、低灰熔点的经济煤种给锅炉运行带来了巨大的安全风险。

为了贯彻"价值思想，效益导向"核心理念，长兴分公司长期把配煤掺烧作为降低煤价的一个有效手段，坚持"配煤掺烧关口前移，加强过程控制，以掺配需求指导采购，推进配煤掺烧数字化、科学化"的工作思路，实现了对经济煤种的"灵活性"掺烧。

1. 管理措施

1.1 制度先行，掺烧思路灵活性转变

为了使机组在长期安全经济环保运行的基础上，增加经济煤种的燃用量，降低燃料成本，顺利完成年度绩效目标，制定了《经济煤种掺烧月度专项考核办法》，加大了经济煤种掺烧力度。同时修编运行部经济指标考核细则，鼓励运行人员多启动掺烧经济煤种的制粉系统。通过制定《华能长兴分公司配煤掺烧安全技术措施》来指导配煤掺烧工作的进行，明确了各岗位职责分工和奖惩办法。制定《华能长兴分公司配煤掺烧专项工作方案》进一步降低综合运行成本，规范和完善电厂配煤掺烧管理，煤仓管理，要求在掺烧高挥发分煤时，对原煤仓进行动态监视。组织调研掺烧过同类煤种的兄弟单位联系取经，学习掺烧经验，利用他人亡羊、我来补牢的新思想，及时将掺烧过程出现的问题深入分析，制定措施补短板，提高运行人员燃烧调整水平。

1.2 细节把握，掺烧方式灵活性转变

为同时兼顾机组安全和经济，根据不同的煤种，加强分析和调整，实现灵活性掺烧。根据煤种的各工业分析数据综合考虑掺配方案，根据机组特点，在热值方面以机组负荷为定点，以磨煤机综合出力为依据，以满足最大输入热值与机组需求的输出热值相匹配，在入炉煤的水分以磨煤机的干燥出力为依据，灰份、硫份、NOx 以环保设备相匹配的掺配要求。阶段掺烧，环环相扣，在实践中不断完善新方案。

灵活性混卸，清晰掌握采购、进场、堆放环节储煤掺配情况。每月按照计划电量和运行机组，测算计划入厂煤热值，在进厂环节初步估算热值。通过关口前移，预先主动从中转码头了解来厂煤炭质、量及天气情况，根据到港不同煤种潮粘程度、高低热值等指标的比较，灵活调整接卸

方式。通过有效调动，潮粘煤种实现多煤种干潮混合方式（1:1、1:2、1:3、1:3.5）接卸，成功应对入厂潮粘煤种接卸、验收、储存、掺配上仓。

通过合理部署，接卸前煤量按最大化归批，减少断数次数和时间；煤船只提前停泊至卸煤点位，确保准时接卸；卸煤线设备检查与清理，保障运行正常，接卸中码头班接卸中途换人不停机，交接班做到无缝交接；运行班组做到午餐、晚餐及交接班设备不停运，确保接卸效率。

灵活性掺配，值长每日根据负荷计划曲线和磨煤机检修方式，向燃料运检部下达每台机组各仓上煤热值、计划掺配比例和上煤煤场。燃运根据不同的煤仓需要热值在煤场取煤配煤，控制各原煤仓燃煤热值，完成二阶段混煤掺烧。

灵活性调整，按照每日实时机组负荷，对照机组负荷与燃煤热值曲线，控制磨煤机方式和各磨煤量比例，精确控制掺烧量，最终控制入炉煤燃煤热值。以电定配，实现掺烧方案动态跟踪机组负荷，通过制定"菜单式"上仓表，明确每日各时间掺烧煤种，以小时为单位准确安排上仓，在满足负荷的条件下，最大限度消耗经济煤种，完成三阶段分仓掺烧。

灵活性换煤，原煤仓上仓前测仓位、测吨量，实现精准换煤，将换煤误差控制在 1 小时内，在保证安全的前提下有效提高掺烧量。根据负荷特点及系统各参数运行情况优化磨煤机组合方式，重点关注受热面结焦以及吹灰后捞渣机出力，作为安全性能评价主因。受热面结焦后易造成水冷壁、过热器、再热器管壁温度超过安全限制，直接影响安全。通过调整吹灰方式及制定燃烧调整辅助措施保证劣质煤掺烧期间机组的安全稳定运行。

灵活性轮修，制粉系统运行时根据设备使用周期制定重点检查项目并针对性制定运行风险提示，根据掺烧粘度、潮湿程度制定给煤及进出口清堵次序。利用负荷低谷、节假日窗口期定时、定周期对制粉系统进行轮换检修，保证了制粉系统长周期安全稳定运行。

灵活性管理，在进厂环节初步估算热值，并以表格形式对厂存燃料结构进行消耗时间测算，保证燃料稳定供应，各值值长及时制定新掺烧日计划，每日前夜班根据电网下达的次日电量计划，结合机组磨煤机检修、备用情况，调整各仓上煤热值，下发日掺配煤计划，专工根据机组负荷、煤电比、计算热值及时指导现场工作，运行人员及时调整磨煤机方式、各磨煤量分配，控制入炉煤热值在安全经济的范围内运行。做到专人负责，制定专项制度，强化专项检查，确保掺配责任落实到位。每月召开一次配煤掺烧会议，研究决策配煤掺烧的重大事项，部署下一阶段工作，审核各工作小组提交的议题，解决各环节存在的问题，上下高效协同，确保各环节落实到位，保证配煤掺烧工作有较强的预见性。

1.3 评价升级，考评体系灵活性转变

在对经济煤种的评价体系中，通过仓前评价、炉内评价和囱后评价，实现对经济煤种的综合评价，以追求综合效益最大化，对新掺烧经济煤种及工业分析指标超出设计煤种较多的新煤种施行动态评价体系，细化至班组，每周、月定期总结形成具有指导性建议的配煤掺烧总结，并建立试烧煤种菜单库 26 种。

在仓前评价中，重点关注安全指标为煤粉灰熔融性软化温度和挥发分含量。由于灰熔融性软化温度影响着锅炉结焦性与吹灰方式的选取，软化温度与设备相匹配才能保证安全性，而挥发分含量则直接影响着煤仓存煤自燃的可能性。仓前评价的主要依据以煤价、收到基的低位发热量、全水分为主进行综合评价。

在炉内评价中，重点关注受热面结焦以及吹灰后捞渣机出力，作为安全性能评价主因。受热面结焦后易造成水冷壁、过热器、再热器管壁温度超过安全限制，直接影响安全。捞渣机出力上升说明受热面结焦严重，若捞渣机出力超过限制，将影响渣井水封，进而影响机组安全。在此过程中，关注的经济因素包括有主、再热蒸汽和减温水情况，三者影响汽轮机效率。同时，经济煤种对辅机电耗也将产生直接影响。

在囱后评价中，重点关注的安全因素为烟尘含量、污染物排放量。这两者同时影响着电厂环保安全，一旦超过相关规定，将直接造成损失。烟尘含量同时影响着烟尘对受热面的磨损，影响机组安全。

2. 总结

    长兴分公司开展配煤掺烧工作以来取得显著成效，完善激励提高经济煤种掺烧力度、深挖煤炭热值潜力，在确保安全环保前提下，持续加大经济煤种的采购力度，燃料成本竞争力进一步提高。通过对掺烧思路、掺烧方式、考评体系三方面的灵活性转变，形成一套科学和成熟的配煤掺烧操作技术和管理流程，为企业提质增效奠定了坚实基础。

移动安全监视管理系统在火力发电企业安全生产管理中的应用

李焕兴　　黄杰　　郑欢斌

概要：某燃煤发电企业积极探索搭建移动安全管理平台替代传统监管方式，借助移动监控自学习、智能化图像识别以及5G网络等技术构建智慧安全管理平台，以信息化、智慧化替代传统作业方式，提高应对风险的能力与效率。

关键词：远程监控　违章识别　全过程安全监管

引言

该电厂拥有两台国内首座660MW高效超超临界机组，该机组多项技术达到国际先进水平，各项运行指标处于行业领先。但现场设备以及人员的安全管理主要依靠人力和传统监控（部分区域使用视频监控）方式进行安全生产监视。利用移动安全监视管理系统，通过图像识别技术对设备状态、人员着装、人员行为和施工环境禁入判断进行分析，在加强现场人员管理的同时，也可以通过对设备状态24小时的监视及异常报警，提高了生产设备的安全管理水平，且利用电子围栏功能，提高了施工现场作业的安全性，弥补了传统监管方式无法24小时监护，且浪费大量人力物力的不足，提升厂区安全管理水平，降低安全生产风险，从而减少厂区内安全事故的发生。

1. 系统功能

1.1 施工远程视频监控

结合系统远程监控功能，通过在不同施工区域架设移动摄像头，摄像头对现场施工情况进行实时视频数据采集，并通过 4G/5G 网络将摄像头信号传到系统服务器，各级管理人员可以轻松通过 WEB 端及手机端对现场施工情况进行远程视频监控。

1.2 施工现场人员行为监控

安全始终是电厂生产重中之重，为了加强厂区内安全管理，提高应对风险和防范事故的能力，通过在施工现场部署移动摄像头，借助系统图像识别能力，对施工现场人员着装及行为进行自动识别，当系统发现现场人员着装不合规以及存在潜在危险行为，如现场吸烟及长时间静止时，系统及时发出报警，并自动截取报警时刻图像信息进行保存，用于管理人员进行报警处理和作为后续追责的依据。

1.3 施工区域电子围栏

针对施工区域的敏感程度，为了确保施工区域内人员的安全，在部分受限空间以及施工停工情况下，现场没有人员管理的情况下，避免其他人员进入或误闯施工区域，通过在现场进出口或覆盖施工区域，部署移动摄像头，并将施工监控模式切换至电子围栏模式，一旦监控区域内有人员进入，系统即刻发出报警，避免现场意外发生，报警同时并将违规行为进行截图保存，便于后期进行安全教育及追责。

1.4 施工区域进场合规管理

部分敏感区域施工进场必须做到入场检查和现场登记，为了避免现场人员管理到位，通过在现场部署移动摄像头，进行人员进场登记的监控，避免现场人员工作松懈造成的安全隐患的发生，人员进场除了可以进行远程视频监控外，还可以借助人员着装识别，对进场人员进场前的合规性进行监控。视频监控的介入，既可以提升现场管理人员的自觉性，也为进场合规后续检查督促提供了现场视频图像依据。

1.5 施工过程追溯

通过移动摄像头在施工现场的应用，对检修各作业面进行有效监控的同时，还为本次检修作业留下了施工执行过程的图像视频资料，后期可以通过系统内"图像回放"功能，按照施工任务及时间进行历史视频查看，起到检修作业施工过程追溯的目的。

2. 系统亮点

2.1 形成多摄像头视觉传感器网络

通过固定摄像头与移动摄像头的部署，构建多摄像头视觉传感器网络，实现摄像头间的基本数据、特征数据、智能化语义数据的多层次连接。同时，可在特定场景下，针对安全生产过程中人员行为、设备状态以及进入区间报警的图像识别。

该创新点解决了传统安全监管的人力投入过高和存在监控盲区的不足，针对安全生产区域通过部署监控摄像头，实现无人智能化安全生产监视，同时实现多区域安全生产监视同时兼顾的目标。

2.2 独立场景认知（施工安全环境）和人员行为认知

在大场景区域实现业务特征数据融合，挖掘单一摄像头所不能获取的全局视觉信息，弥补依靠人力或传统监控系统进行安全生产监管的不足；通过移动摄像头搭配移动红外传感器及气体传感器，对独立场景认知（施工安全环境）和人员行为认知进行智能监控、识别与报警。

2.3 机器替代人员进行现场施工监控

通过在施工现场部署的移动摄像头，可以对施工现场实现24小时不间断施工监控，针对现场施工人员，也可以间接的提升现场作业的自觉性以及规范性。

2.4 可间接实现检修过程知识积累沉淀

通过在施工现场部署的移动摄像头，可以对施工检修作业过程进行记录，可以为后期检修作业提供参考。

3. 应用情况

3.1 #1 主变内检现场安全管理

#1 机组 C 级检修期间，开展 #1 主变内检试验及检查工作，检修过程中需要通过充干燥空气排油法将变压器油排至油罐中，同时利用滤油机对油罐中变压器油进行真空滤油处理，待变压器内检工作完成后，再进行真空注油、热油循环、修后试验等工作，整个检修工期预计在 20 天左右，因故障点存在不确定性，整个检修工期较为紧张，现场实施 24 小时不间断作业，在该区域实施封闭管理，现场真空滤油、注油等工作及夜间作业存在较大安全风险，因此在该区域架设移动摄像头，作为班组对现场安全管控的补充措施。

通过移动摄像头布置，专业及班组人员能够实时监视现场人员进出情况，实现特殊作业人员进出安全管控，同时在夜间通过手机 APP 可实时查看现场滤油机等设备的运行状况，确保安全风险受控，最终高质量完成 #1 主变内检工作。

3.2 主机轴瓦检修现场管理

主机轴瓦检修中对工艺有严格的要求，专业需要对现场进行严格管控和质量验收工作。在施工区间现场需要做好严格的定制管理，严格按照各项工序要求施工，施工期间有行车吊运等作业，因此该区域实施封闭管理。本次检修中现场架设移动摄像头。

通过摄像头远程监视，专业人员清楚掌握现场施工情况，督促施工单位按照进度施工，同时通过摄像头记录数据，专业做好检修过程数据流程，后续进行追溯。另一方面，现场查看人员情况，通过后台查看人员状态及违章情况。在现场停工作业后，该区域开启电子围栏功能，无关人员进入直接报警提醒专业人员查看。

3.3 油动机外送检修

本次检修任务为油动机外送检修，将主机油动机及移动摄像头，送至外送检修单位，提前在平台添加检修任务，利用系统操作方便的优势，只需检修单位在施工现场布置好移动式摄像头，并按下电源键，厂内专业人员即可通过系统实时查看现场检修作业进度，并通过视频监控了解检修作业质量。

通过项目的应用，可节约人力，直接降低设备外送检修成本，同时通过实时远程监控，也确保检修作业进度和质量的更好执行。

3.4 积粉清理旁站监督

在日常维护任务中，利用移动摄像头进行 #1 炉清卫班现场煤粉堆积区域清理旁站。此前，由于 #1 炉 #4 角 AB 层燃烧器区域漏粉导致 #1 炉本体区域存在多处煤粉堆积处。这些煤粉堆积区域有着火风险，需要清卫班清理；同时清卫班在 #1 炉本体区域积粉清理属于高空作业，有高空坠落、高空抛物风险。因此，该外委工作具有一定安全风险，需要加强旁站监督。

根据任务目标我们将移动摄像头放置在 #1 炉 6 楼清卫班积粉清理作业现场附近。根据监控实时画面，我们能有效监视到现场作业人员安措实施情况。同时，有了移动监控装置，管理人员能牢牢把握现场作业进度，并对现场作业人员违章、偷懒、偷工减料等违反安全管理规定现象起到一定威慑作用。通过此次的旁站任务，移动监控装置大大增强了现场的旁站力度，也减轻了管理人员的旁站压力，达到了提效减负效果。

3.5 脱硫吸收塔区域监视

脱硫吸收塔区域作业存在较大安全风险，属于一级动火区域，本次 #1 吸收塔塔壁修补及托盘检修，在吸收塔区域实施封闭管理，禁止无关人员进入，通过在该区域架设移动摄像头，一方面监视人员进出登记是否合规，另一方面监视动火作业后人员是否停留 2 小时以上。

通过该区域移动摄像头数据分析，大部分人员进出能够按要求登记签名。每日动火作业后能按要求做好现场监护。在该区域停工后使用电子围栏功能，能够及时发现人员闯入等违章行为，及时防范风险。

4. 结语

通过基于 5G 物联网技术的检修全过程安全监督管理，构建智慧安全监视管理网络平台，不断强化科技引领，将科研成果应用于生产实际，强调厂区内安全规范，并通过智能监控方式时刻监督员工行为，在保障员工生命安全的同时，也提升了企业整体管理水平，实现了智慧安全管理，为企业安全生产管理工作提供坚强技术保障。

配网安全生产薄弱点及提升措施分析

韩保良　陈攀峰　杨玉琦

摘要： 经济发展，电力先行，近年来，随着居民住宅、工商业、医疗科研机构等用电需求持续增长，配网工程越来越多，安全生产形势非常严峻。配网施工作业安全管理工作能否有效开展，不仅关系着人身安全、电网安全，而且对推动社会经济发展起着不可忽视的作用。本文以管理现状为导向，深入分析原因，求解"配网安全治理之策"，为后续配网安全管理工作提供有力举措。

关键词： 电力先行　安全生产形势　配网施工　管理现状　举措

伴随着社会经济发展，"双碳"战略的落地，电力资源在生产与生活中所发挥的重要作用日益凸显。配网作为直接向用户提供电力的最末端，安全生产形势非常严峻，部分单位配网作业安全管理意识淡薄，面对配网小、零、散管理难点，存在"躺平"麻痹思想，安全管理"上热、中温、下冷"，配网安全管理履职不到位，供电所安全要求执行有差距，集体企业内部安全管理缺位，配电网现场作业管理较松散等情况普遍。亟需采取针对性措施不断优化、完善安全管理工作。

1. 主要存在问题

1.1 配电网安全管理履职不到位

"管业务必须管安全"职责履行不到位，"重业务、轻安全"问题仍然存在。专业安全管理缺位。专业安全管理多为"只下文件、不下现场"，缺少操作层面的规范要求，缺少对基层专业安全工作的指导，基层在制度理解、执行上存在偏差。专业安全管理手段不足，管理深度、力度、精细度不高，责任未落实到每个业务环节。未按照风险分级"一表一库"，落实管控主体责任。

1.2 供电所安全要求执行有差距

安全隐患排查整治工作不彻底、不全面，部分缺陷长期存在未消除，且未纳入缺陷库进行管理。安全工器具配置不齐，管理不规范，存在库存工器具超过试验周期、未存放于专用工器具柜及破损等。对分布式电源及自备电源排查工作不到位，台账信息不全，对可能存在的反送电信息掌握不清。配网低压小散作业安全管控力度不够，计划统筹管控落实不到位，班组对所辖范围低压小散作业现场管理不到位。

1.3 集体企业内部安全管理缺位

施工单位"重经营、轻生产"，内部未建立工程安全、质量、进度等管理制度，盲目套用主业相关制度标准，未按照承揽单位应尽的职责义务形成企业内部的管理流程和制度规范。经营指标和施工承载力不足矛盾突出，普遍采用分包方式组织项目实施，施工管理资源投入不足，分包管理主体责任未履行。分包队伍和人员同质化管理浮于表面，"四统一"管理要求未落实。监理单位缺乏有效管理机制和管理要求。配网监理人员数量、技能水平与岗位要求差距大，人员流动频繁，业务取证滞后，总监、安全专监兼任多个项目部职务。

2．原因剖析

2.1 配网安全保障体系不健全

安全管理组织不完善。目前配网各层级、全业务安全管理机制未完全建立，现场作业关键环节安全风险管控、措施落实情况缺乏监督约束，市县两级配改办、三个项目部安全管理职责弱化，现场安全管理制度执行、监督不到位，缺少有效管控手段。二是管理规范标准需优化。配网安全管理制度主要延续主网，但配电设备规模大、区域差异大，作业现场点多面广、情况复杂，部分规范可操作性、可行性不强。基层执行层面的制度标准易用性不高，落实落地难。

2.2 队伍安全履职能力不匹配

一是专业管理"小马拉大车"。项目部关键管理岗位一人兼多岗，业务工作量大、工作效率不高，核心管理人员与骨干作业人员未固化，部分单位存在安全质量管理队伍断层现象，管理人员不足问题突出，现场缺乏有效管控。二是一线业务承载力不足。供电所人员老龄化严重、结构性缺员，"平均主义、大锅饭"现象普遍，激励机制不够，个人技能提升动力不足。三是作业班组"空心化"。集体企业人力资源结构失衡，"有人头、没人手、缺人才"，现场"明白人"越来越少，"老龄化"问题突出，班组自有技能骨干严重断层，技能岗位缺员严重。

2.3 配网安全作业方式较落后

配网施工专业机械化程度不高，施工单位严重依赖外包，对现代化作业普及动力不足，过多考虑施工分包队伍的稳定，对施工机械化作业、工厂化装配送等现代化作业方式推广应用不积极，对新装备的研发不主动、不投入，配网现场施工仍停留在"肩扛手拉"的低效作业模式，人工作业任务重，现场施工风险高。

3. 提升措施

3.1 健全配网安全保障体系

一是健全工程建设安全管控体系。加快落实各级配改办实体化建设，充实市县公司配改办专业管理力量，深化业主、监理、施工项目部标准化建设，按要求配齐安全等管理专责，满足配网建设管理需求，健全工程建设安全管理制度，严格落实工程建设安全责任。二是发挥供电服务指挥中心作用。将两级供电服务指挥中心业务界面延伸到配网安全管理层面，围绕计划执行、标准作业、危险点辨识等关键内容，强化生产信息汇集、作业风险防控、缺陷隐患督办、故障应急抢修等业务管控，确保管控措施力度到位、有效落地。三是分层分级落实安全管理责任。压紧压实各级安全主体责任，认真履行"一岗双责"，落实"三个必须"要求，执行安全生产责任和年度工作"两个清单"，确保安全生产"人人有责、职责清晰"，做到安全生产任务层层分解、层层承接、层层落实，确保安全各项措施落实到岗位、穿透到基层。

3.2 规范配网安全制度执行

一是补充优化配网作业安全管理制度。填补抢修作业、有源配电网、施工保电、低压小散、密闭空间等方面的制度空白，形成操作性强的实施细则、作业流程、作业标准。二是严格落实配网安全作业程序执行。现场作业全量纳入计划管控体系，推行班前会风险点问答，确保现场作业风险辨识无盲区、无死角。作业许可实施前做好安全措施检查，工作间断恢复应重新检查各项安全措施，工作终结安全措施拆除后，任何人不得再登杆或在设备上工作，工作任务涉及变更或增设安全措施时，必须重新办票，履行签发、许可手续。

3.3 赋能基层一线班组建设

一是优化供电所班组建设。针对目前"运维自主实施＋施工业务外包"的业务开展模式，聚焦"新老四项"（老四项：立杆、架线、拼柜、电缆头制作；新四项：无人机、自动化、带电检测、移动终端应用），打造配电运检、抢修、低压运检、自动化主站运维四种专业化尖刀班，培养一批"拉得出、顶得上、干得了"的技能人才队伍。二是优化供电所配电专业绩效管理体系。以"设备主人＋多劳多得"为原则，深刻研讨、科学提炼各类绩效权重，以正向激励为导向，以明确的奖惩措施为手段，把一线人员工作职责与业务绩效挂钩，提升配电专业人员主动作为意识。三是加强班组人员"人人过关"培训。将培训重点放在生产一线，拍摄培训视频或制作培训手册，使安全学习成为生产人员的日常行为习惯，开展"人人过关"考评，解决一线人员安全意识薄弱、技能水平不高问题。

3.4 提能施工企业转型升级

一是健全施工企业内部管理体系。建立健全施工企业人员、分包、安全等内部管理制度，按照标准化要求组建施工、监理项目部，配齐岗位人员，切实履行管理职责。二是强化服务资源投入。严格落实施工企业人员、装备、工器具等实际资源投入，加强安全工器具和施工机具管理，确保满足工程实际需要。三是提升作业人员素质。加大培训力度，落实施工单位、监理单位、分包队伍"人人过关"，大力培育作业层班组技能骨干。四是管住管好分包队伍。压紧压实总包单位主体安全责任，强化分包商安全职责和分包人员同质管理，将管理延伸到分包核心人员，建立与核心分包队伍长期稳定的合作关系，以稳定的业务促进核心分包队伍能力建设。五是加快现代化作业模式普及。因地制宜配置施工机械，推动配网施工向"机械化作业为主、人力施工为辅"的作业模式转变。深化工厂预制和装配送，以"三能三不"要求，强化工程安全、质量管控和进度匹配，全面落实施工承包主体责任。

4. 结语

坚定不移贯彻习近平总书记关于安全生产工作重要指示和"人民至上、生命至上"原则，聚焦"配网安全治理之困"，求解"配网安全治理之策"，围绕"两个贯穿、两个所有"（贯穿配网全业务、贯穿配网各层级，所有工作有计划、所有现场有管控），通过健全保障体系、完善制度规范、赋能基层班组、提能产业管理，下真决心、落硬措施，切实提升配网安全生产管理水平。

参考文献：

[1] 李虎. 把好农网外包工程安全管理"七关"[J]. 农村电工. 2020（01）

[2] 开圣武, 王文斌. 浅谈电网省管产业单位安全同质化管理 [J]. 农电管理. 2022（02）

[3] 张晓明. 配网标准化抢修管理创新实践 [J]. 中国电力企业管理, 2019（14）：44-45.

[4] 孟晓光. 浅析10 kV 配电工程施工安全管理中的问题和对策 [J]. 化工管理, 2018（9）：136.

[5] 张辉坚. 谈配网安全管理中风险控制 [J]. 建筑工程技术与设计, 2016, （22）：78-79.

[6] 康臣, 魏伟, 万旺经, 李倩, 贾盼盼. 供电服务指挥中心大数据"全息透视"的风险预警实现 [J]. 电子世界. 2021（18）

[7] 李飞宇. 配网工程设计在配网工程建设与改造中的应用 [J]. 现代工业经济和信息化. 2022（10）

办公场所低碳的实践和探索

杨海威　　沈佳琦　　张伟

摘要： 本文分析了电力系统低碳办公的意义。从制度、办公、节能、服务、活动碳中和等多维度入手，形成了低碳办公建设的实施路径。从经济成效、绿色成效、碳汇造林成效等展示了低碳办公的实施成效。

关键词： 绿色　低碳　办公

2020年9月，在第七十五届联合国大会上，我国首次提出要碳中和、碳达峰3060目标。作为国家电力行业的龙头企业，国家电网公司2021年3月发布碳达峰、碳中和行动方案。公司办公楼宇众多，是践行能源清洁低碳的重要舞台和应用场景，本文就公司如何开展低碳办公进行研究。

1. 低碳办公应用场景分析

1.1 低碳办公研究意义分析

以长三角某地市公司为例，该公司有各类人员5000余人，涉及各类办公场所几十余处。办公场所是员工工作场所，涉及其广大员工的衣、食、住、行等多个方面，是多元素耦合的典型应用场景，对其低碳办公研究有重要的社会意义。

1.2 低碳办公应用场景分析

对员工日常办公的衣食住行进行统计分析，发现低碳办公典型应用场景主要有以下几个方面：

一是办公室管理方面，主要是办公室空调温度管理，办公耗材管理，垃圾分类，日常会议管理，办公用房的装修、使用等。

二是食堂管理方面，主要是食堂用餐，外卖打包，净菜和蔬菜、水果预定，空调温度管理，垃圾分类，食堂用能等方面。

三是日常出行方面，主要是员工日常上下班的通勤、出差、会议、工作的通勤等方面。

2. 低碳办公应用场景的探索

2.1 明确建设目标，做好顶层设计

2.1.1 梳理低碳办公应用场景要素，明确建设目标

低碳办公作为节能减排全民行动的重要组成部分，主要包括办公方式"绿色化"，打造绿色办公室等。公司结合各办公场所日常生产、办公、会议等情况，从绿色办公、节能行动、绿色服务、大型活动会议碳中和等入手，全方位打造电力元素低碳办公新模式。

2.1.2 做好顶层设计，明确建设标准

为有序推进公司低碳办公建设，成立专班，部门各司其职。公司办公室负责统筹协调及绿色办公行动；综合服务中心负责大型活动会议碳中和、绿色节能行动、绿色服务行动，下发《国网湖州供电公司大型活动碳中和实施办法（试行）》等文件。

2.2 践行绿色办公行动

2.2.1 统筹公共资源管理

针对公司办公场所需求量大的现状，为提升办公用房使用效率，采用

综合服务中心统筹公司生产辅助房屋管理及日常维护，各使用单位属地化管理模式。组建会议中心和会议服务班，会议采用线上统一申请、统一审批，提升会议室的利用率和周转率，会议服务班根据会议申请情况按需提供会议服务，节约会议服务资源。

2.2.2 倡导无纸化会议

弘扬"短、实、新"优良文风，严控会议用各类文件的数量、篇幅，提倡不用纸、少用纸、双面用纸，由会议服务班统一处置会议资料。部分会议室引入升降式桌面平板和系统大屏联动系统，实现无纸化会议；设置电视电话会议室，实现国网、省、市、县区公司多层级的视频会议。

2.2.3 精简会议、严控活动总量

加强会议统筹管理，严控年度各类会议活动总量、规模及规格，提倡少开会、开短会、合并开会模式。提倡应用一体化视频会议系统等方式，召开异地会议。会场布置精简节约，不摆放花草、不制作背景板。

2.3 推进绿色节能行动

2.3.1 加强办公用能管理

在新建、改造老旧房屋等引入绿色建筑概念，执行绿色标准；积极使用再生混凝土等；照明上充分利用自然采光，采用节能灯具；在暖通上采用中央空调。完善楼宇节能数据统计与分析，对空调进行变频节能改造，完成楼宇空调负荷管理能力建设。调控大楼引入照明自动控制系统，根据预设的时间分批关闭各楼层楼道等公共区域的照明灯。在调控大楼西辅楼的顶部安装光伏系统。

2.3.2 推动办公资源可再生利用

实现垃圾分类全覆盖，指定专人负责垃圾分类日常管理，定期督导检查。印制并黏贴垃圾分类海报，倡导员工养成良好的垃圾分类习惯。倡导使用环保可再生物品，各会议室严禁提供一次性纸杯，改用陶瓷杯。各食堂不提供一次性打包盒，提倡自带打包盒，少量提供可降解的打包盒。

2.3.3 多措并举、推广绿色出行

不断提升电动汽车的占比，新购置车辆严控燃油车占比。重构车管中心管理模式，组建多个车队，采用就地平衡和大车队统筹平衡两级调度模式。根据新安江培训中心培训、杭州公务出差较多的情况，统一调配，采用拼车出行模式。利用车辆安装车载 GPS，定期抽取车辆的行车信息，动态全面掌握车辆出行数据，杜绝出行僵尸车、出私车等情况。根据车辆出行信息，及时补充、更新、调配各车队的配车数量，有效平衡全体车辆的出车率、周转率。

针对湖州市内部分固定地点短途用车需求旺盛的现状，引入绿色出行，采用网约车模式，提升市内短途用车效率，节约生产、办公用车资源。

2.4 开展绿色服务行动

2.4.1 深化绿色食堂建设

打造全电食堂，提升食堂用能效率。不断推进健康食堂建设，依托绿色农场，以绿色食堂标准提供员工膳食，食堂的菜品坚持少油少盐绿色健康。依托 i 国网浙电后勤模块，和绿色农场，开展绿色蔬菜、预制菜的网上预订，线下配送。倡导光盘行动，提供半份菜、大小碗饭模式，允许员工按需选购饭菜，有效杜绝食物浪费。

2.4.2 营造绿色健康机关

依托国网职防院健康管理团队，建立统一线上健康档案，构建个人健康画像，开展精准体检管理及检后增值服务；搭建"智慧云诊室"，依托知名医院专家开展远程会诊和线上诊疗；创建职工健康驿站和心驿站，为员工提供慢性疼痛运动康复服务和心理放松体验、心理干预服务；创建职工"健康直通车"，建立就医绿色通道，提供绿通增值服务。积极开展健康"云培训"，通过腾讯直播等线上培训模式，向社会普及应急救护知识。

2.5 推进大型会议活动碳中和

2.5.1 明确流程及排放核算标准

根据《大型活动碳中和实施指南（试行）》，结合公司的实际情况，编制大型会议活动碳中和流程，明确大型活动组织者、办公场所管理单位、长三角生态能源碳汇基金办公室等各方职责以及操作流程；确定重点识别的大型活动排放源及对应的核算标准及技术规范。

2.5.2 开展大型活动会议碳排放评估和测算

明确公司大型活动（指公司在特定时间和场所内开展的 100 人及以上的活动，包括会议、培训等），需要开展碳中和。活动会议主办方在大型活动的筹备阶段，明确参会人数、活动时间等，由综合服务中心结合会议的用能情况，形成大型活动实施碳中和需求表。提交长三角生态能源碳汇基金办公室开展碳中和咨询评价，测算碳排放量，提出碳中和意见。综合服务中心向会议活动主办方明确碳中和的抵消方式和实施计划。

2.5.3 购买碳汇基金，实现林业碳汇

开展植树造林，形成碳汇，是国际社会公认的用于缓解全球气候变化的重要措施。经过前期会议活动的排碳测算，通过长三角生态能源碳汇基金办公室购买碳汇基金，折算成树苗种植面积，开展植树造林，实现大型会议活动的碳中和。

3. 低碳办公应用成效分析

3.1 节能降碳，碳账本看成效

安装的屋顶光伏，日均发电约 200 度，年可节约用电成本 2 万余元。通过安装节能灯具、空调集中负荷调控等措施，调控大楼可年节约用电成本约 10 万元。公司的垃圾分类工作成效显著，多次受政府部门表扬。

3.2 绿色低碳理念厚植人心

公司通过多渠道多维度的绿色低碳宣传，低碳办公理念已深入人心。食堂日常就餐中，践行光盘行动，员工按需取菜，基本上无食材浪费现象，员工习惯于自带打包盒打包食堂的外卖。绿色出行理念深入人心，跨市基本上采用拼车或采用公共交通出行，市内短途接驳，公司绿色出行平台业务量饱满。

3.3 碳汇造林工作成绩显著

公司积极推动大型活动碳中和行动，委托长三角生态能源碳汇基金办公室完成一系列大型活动的碳汇造林工作，共计购买碳 152.46 吨，合计金额 6708.7 元；公司综服中心组织"携手植绿"党员活动，进行碳汇造林，共计种植池杉 40 余棵。

4. 结语

本文通过分析低碳办公典型应用场景，从制度、办公、节能、服务、活动等维度入手，系统性地提出了电力系统低碳办公的经验和做法，数据显示公司低碳办公成效显著。

电力现货市场连续不间断运行后发电企业管理措施提升

林宇翔

摘要： 浙江省电力现货市场迄今为止，间断性地进行过 5 次结算试运行。在山西、广东等省份相继进入连续不间断结算运行的情况下，浙江省也随时可能进入连续不间断运行状态。电力市场常态化连续运行后，将全方位地影响发电企业的生产、经营工作。本文针对已经进入连续运行的省份的优秀发电企业，开展调查研究工作，对照相关管理标准，力争实现管理措施借鉴提升。

关键词： 电力市场 现货市场 管理措施 提升

1. 管理措施提升的必要性

1.1 背景及现状

2015 年，中共中央、国务院印发"9 号文"《中共中央国务院关于进一步深化电力体制改革的若干意见》，以"管住中间、放开两头"为核心，拉开了新一轮电力市场化改革的序幕。浙江省作为第一批八个电力现货市场试点省份之一，已间断性开展过 5 次电力现货市场结算试运行，2022 年起已放开全体工商业用户进入电力中长期交易市场。电力现货市场既承担着平衡实时调度，完成实时结算的重大任务，也是体现真实电价并实现电力市场配置优化功能的重要手段。因此做好电力现货市场连续不间断运行的相关准备工作至关重要。

1.2 提升的意义与目的

1.2.1 完善企业内部管理制度及措施。明确发电企业的经营走向，制定合理的管理制度。根据企业自身条件制定电力市场营销计划，以盈利最大化为目标完成整个电力市场管理过程。发电企业需要组建专业化的电力营销团队，减少人才流失风险，保障企业的竞争优势。

1.2.2 了解把握市场信息的重要性。发电企业应了解自身区域内电网特征，结合节点区域的既往用电情况、电网阻塞特性、省内和省间电力供需情况、历史天气环境因素等各种市场信息，分析自身在市场环境中的优劣势。同时也要明白市场交易价格的博弈必然存在风险，应根据企业实际需求和过往经验合理参与。

1.2.3 建立发电运行方式、燃料价格和现货报价联动机制。电力现货报价应对机组发电时各个负荷段的燃料消耗计算清楚，测算出各负荷下边际成本。报价要在保障机组安全稳定运行的前提下，考虑各项外部数据和自身成本等因素，合理报价，适当博弈，以求实现利益最大化。

1.2.4 建设电力现货市场营销常态化体系。发电企业应重新审视电力营销工作在企业经营工作中的重要性。在大数据的指导下，对电力市场变化进行预判，并做好企业成本的管控，提高市场竞争力，保障企业的平稳发展。

2. 电力现货市场连续运行省份发电企业调研

对已进行不间断结算试运行的广东省某电厂报价管理办法，开展走访调研后发现，先行省份优秀发电企业的管理措施更加合理，细节更为完善。因此省内发电企业根据各自实际情况，在已有措施的基础上进行管理措施提升十分必要（具体调研内容详见论文附件）。

3. 借鉴提升方案

3.1 以固定周期召开决策会议

当电力现货市场连续试运行后，将不会有特定和较长的空档期供各岗位人员进行总结分析讨论。因此，按固定周期召开报价决策会议十分必要。以月度会议为例，会议主要内容应有以下几部分：

1）汇报上月度电力市场整体运行情况及本发电企业参与电力市场运作情况；

2）汇报上月度生产指标情况，机组性能及可靠性情况，上月实际调度与电力市场偏差情况；

3）汇报上月度经营指标情况，电量电费营收情况，事后成本分析与盈利情况；

4）汇报下月度用电负荷预测，生产经营相关重要指标计划预测值，包括煤价、煤耗、机组组合等；

5）综合汇报信息，制定报价策略基本方案并进行讨论，针对性做出决策。会后由报价专职对会议决定进行整理，以书面形式报发电企业电力现货市场结算试运行工作小组审批。

3.2 建立跨部门高效联动机制

电力现货市场不间断运行后，机组的计划运行方式是影响整体报价策略的决定性因素，同时电力市场的出清情况又会影响到各生产部门的实际运维安排。因此建立各个部门之间的高效协作机制就显得尤为重要。应保持或改进以下措施，以保证电力现货市场连续运行后报价工作平稳进行：

1）建立并常态化保留电力现货市场结算试运行工作小组群，每日整理报送出清简报，实时汇报紧急情况并迅速响应，必要时由工作组组长（副组长）召开紧急会议进行商讨等工作；

2）各生产部门每日更新机组运行状况、燃料情况等影响报价的因素。及时更新汇报检修项目、定期工作、机组试验等周期性工作，细化表单，相关部门每日做好信息更新维护，确保报价能够充分兼顾到实际生产经营情况；

3）建议各部门在电力市场连续运行后委派专人对接电力市场相关工作，减少沟通成本，增加沟通效率。本部门相关工作情况由专人负责汇总，统筹了解所有与电力市场工作有关的信息。出现紧急情况应立即上报电力现货市场结算试运行工作小组，并告知报价员和值班员及时关注。

3.3 扩大并加强电力市场相关培训

当电力现货市场连续运行后，电力中长期市场－电力现货市场－实时运行调度三线将覆盖发电企业全年的发电时序。这也意味着电力市场的运行状况将会深度影响到发电企业各部门的日常工作。因此，在发电企业内大范围开展电力市场相关培训显得尤为重要。要想在电力市场获得稳定的收益，不仅是报价员的工作，更需要全发电企业各个部门的共同努力，包括值班员在内的众多岗位人员都将深度参与电力现货市场交易。建议相关生产、职能部门的年度培训计划中加入电力市场相关培训，并且在上级单位组织培训时，积极参加、认真学习，培养适应电力市场环境的复合性人才。

3.4 加大宣传，全面建立电力市场营销理念

发电企业要想在竞争中保持优势地位，保证健康快速持续的发展。不仅需要提高自身效益和核心竞争力，也要利用市场营销的手段，主动适应电力市场不断发展的新环境、新形势。2022年，浙江省已放开所有工商业用户进入电力中长期交易市场，中长期交易合约电量在电力市场中的占比通常应达到80-90%，可见这部分是发电企业覆盖自身成本，获取稳定收益的最重要的收入来源。配置足够的中长期合约，是发电企业和电力用户来规避现货市场价格波动，保持电价稳定的主要手段。因此，为了保质保量地签订足够的中长期合约，应保持或改进以下措施：

1）全面铺开电力市场营销工作。电力市场营销涉及的电力用户范围广，深入各行各业，需要发电企业全员形成电力营销意识，通过各种途径联系各级电力用户，辅助营销专职进行电力市场用户开发，帮助企业提升潜在客户数量，增加合约电量。

2）提升企业自身形象，增强竞争力。俗话说"打铁还需自身硬"，发电企业和营销人员必须在各个场合提升自身形象，增加自身的专业度，

才能树立良好的品牌效应，才能从激烈竞争的外部环境中脱颖而出，立于不败之地。

3）加强客户维护，增强服务意识。电力营销人员应树立优质服务的理念，增强服务意识，在保证企业利益的前提下，采用专业化、快速化、保障化、简便化、多样化的优质服务来赢得市场，向电力客户提供高效率的各项服务。要转变观念，了解到只有赢得客户信赖，才能最大限度地增加企业效益。

4. 总结

在多省进入电力现货市场连续不间断运行的大环境下，省内发电企业也应及时转变观念，做好准备工作。电力现货市场的竞争机制更加快速灵活，对企业的生产经营管理工作提出了更高的要求。发电企业需正确理解电力市场的相关政策及规则，在符合市场交易规则的前提下，通过各种渠道对市场信息进行了解，对市场数据进行掌握，结合自身情况及时做出决策，合理报价，争取企业利益最大化。只有完善内部管理流程，对交易风险实现有效的管控，严格执行电力市场工作组的各项决策，并将电力市场的重要性宣贯到企业所有员工心中，才能提升企业自身在电力市场中的竞争力。

绿色电力交易发展现状分析及思考

鲁春丽　　王文凤　　陈欢

摘要：推动实现"双碳"战略目标，构建以新能源为主体的新型电力系统，新能源的发展和消纳问题至关重要。绿色电力交易是以市场化手段实现绿电环境价值的机制创新，对于促进新能源消纳有重要作用。本课题从国内绿色电力交易的发展现状出发，梳理了当前绿电市场交易机制中存在的问题，通过学习美国成熟绿电市场的先进经验，对绿电交易的发展前景提出思考建议。

关键词：双碳　新能源　消纳　绿色电力交易

1. 全国绿色电力交易发展现状

绿电交易是以市场化手段促进新能源消纳、服务新型电力系统建设和推动双碳战略目标实现的机制创新。绿电交易的开展有助于推动绿证自愿认购、可再生能源消纳保障机制、碳交易市场的统筹衔接。

全国绿色电力交易试点于 2021 年 9 月启动，首场试点交易成交 79.35 亿千瓦时，溢价在 3–5 分左右，与平价绿证价格相当。2022 年全国绿电交易量达 227.8 亿千瓦时。政策初期主要参与主体为风光电，交易完成后会根据实际结算电量核发绿证，但实际操作中发现绿证发放速度较慢。相比绿证交易的证电分离，绿电交易的灵活性更高，电力用户可直接与新能源企业进行交易，实现了证电合一。

2021 年底开始，《绿色电力交易试点工作方案》、《关于加快建设全国统一电力市场体系的指导意见》、《促进绿色电力消费实施方案》等绿电交易顶层设计文件陆续发布。要求到 2030 年新能源全面进入市场，明确了绿电交易与可再生能源消纳责任权重挂钩机制，"配额制 + 绿证"的政策体系已初见雏形，但相关的支持政策和考核机制仍需完善。

2. 存在的主要问题

我国在绿色电力交易领域做出了很多大胆的尝试，但由于市场刚刚起步，处于探索阶段，还是存在一些问题。

2.1 缺乏对用户的强制性约束

国家能源局每年对各省下发可再生能源电力消纳责任权重指标，在相关政策通知中也确认了电网公司、售电公司和电力用户均为消纳责任主体。但近几年市场实际运行中因用户购买绿电的渠道有限，各省消纳责任一般由电网公司保障消纳完成，考核政策并未在终端用户实际执行，导致现阶段仍以自愿交易市场为主，没有实现配额强制交易与自愿交易的融合。绿电消费群体大部分为互联网公司或跨国企业，市场需求端的活力不足，这也是目前绿电市场改革推进最大的阻力。

2.2 与碳市场存在矛盾

部分试点省份已在宏观政策上提出要将绿证纳入碳排放指标管理体系，但全国范围内都未形成统一的电 – 碳市场计算标准，绿电交易、绿证认购与碳市场尚未良好衔接，可能造成对可再生能源的双重考核或激励问题。探索如何将绿电交易、绿证体系和碳配额清缴履约工作结合起来，是目前各试点市场亟需解决的一大难题。

2.3 市场机制不够成熟

国内绿电交易尚在摸索阶段，交易渠道比较单一。由于运行时间短，符合市场准入条件的项目较少，交易体量不大，目前仅有宏观层面的原则性规定，市场实践不够充足。近几年虽然有在金融方面支持新能源行业、绿电消费企业发展的实践案例，但相关支持政策不够系统完善，未能形成全社会主动消费绿电的局面。

2.4 绿电供给和需求量在空间上不匹配

受经济发展结构和自然资源分布不均衡影响，我国中东部发达地区绿电需求量大、供给有限，西北和东北省份富余平价绿电较多。由于各省之间的交易壁垒尚未打通，交易品种、交易周期不够灵活。而且受限于完成当地消纳责任权重考虑，部分新能源富余省份存在惜售现象。随着新能源快速发展，新能源就地平衡难度增大，必然需要完善的跨省交易机制实现省间调峰能力互济，促进清洁能源消纳。

3. 美国绿色电力市场改革的启示

美国绿色电力市场的发展模式已经相对成熟，采用了强制配额与绿证并存的市场体系。他山之石可以攻玉，研究美国绿电市场的建设历程，有助于为完善绿电交易机制提供经验借鉴。

3.1 自愿交易与强制市场并存

美国绿电市场最成功的经验是实现了强制市场和自愿市场的结合。强制市场依托于配额制，由州立法保障，存在于30多个州。配额制的责任主体为电力供应商，且设计了适中的惩罚机制，罚金略高于购买绿电的成本，罚金所得用于可再生能源项目建设，从而实现社会的良性循环，推动美国可再生能源发展。自愿市场是指出于自身支持可再生能源发展的意愿去购买绿色电力，在一系列能源支持政策的保障下取得较大成功，有效缓解了国家财政补贴负担。

3.2 市场主体积极性高

美国政府在扶持清洁能源发展方面提供了大量政策支持，如对可再生能源发电商进行补贴、实行税收减免等优惠措施，使可再生能源项目得到了大规模增长，确保绿电供给量的充足；二是通过增加宣传，社会公众的环境意识增强，电力用户自愿采购绿电的热情很高。

4. 思考及建议

行而不辍，履践致远。绿电交易市场的发展建设需要政府及各类市场主体的共同努力。市场主体应及时关注市场政策导向，与电力市场建设同发展、共进步。国内各试点市场应在交易实践中不断探索创新，完善市场规则及交易机制，助力在全国范围内建设统一的绿电市场，有效服务双碳目标实现。

4.1 市场主体的转变

4.1.1 发电侧

新能源大规模发展和并网，给电力系统的安全稳定带来挑战，全国大部分省区普遍发布了新能源配套储能政策。调峰调频等辅助服务需求日益增加，按照谁受益、谁承担原则，新能源向灵活性电源支付辅助服务费用将成为未来的发展常态，新能源项目建设并网运行成本将大幅提高。进入全面平价上网时代，新能源企业应积极关注市场政策，通过参与市场化交易将绿色电力的环境价值变现，对冲投资或购买辅助服务成本偏高的经营风险。

4.1.2 负荷侧

随着全国统一电力市场建设的推进，绿电交易的市场化程度会越来越高。电力用户应做好用电形势预测，减少偏差电量。在开展电力现货交易的地区，电力用户或代理售电公司应对合约电量进行分时曲线分解，通过参与市场化交易获取差价收益。未来电－碳市场打通时，在完成最低消纳责任权重指标后，应测算采购绿电与购买碳配额或者 CCER 的最佳经济平衡点。

4.1.3 电网侧

"十四五"期间，我国能源结构转型进入加速期。2022 年可再生能源装机量突破 12.13 亿千瓦，发电量达到 2.7 万亿千瓦时。风光电等新能源场站较为分散且发电稳定性差，大规模并网后电网的调峰调频难度及调度范围将增大。作为电力供需双方的连接点，电网要着重推动负荷侧管理效率提升。浙江省发展改革委《关于做好 2022 年电力需求响应工作相关通知》中要求开展削峰填谷需求响应，唤醒沉睡资源，推动电力保供向精细化、市场化方式转变。

4.2 交易机制建设方面

压实消纳权重的考核责任。丰富绿电交易形式，拓宽交易主体，为用户提供更多灵活的绿电采购渠道。建立市场长效机制，规定用户消费绿色电力的义务，最迫切的是探索形成可操作的可再生能源消纳责任权重考核体系和奖惩机制，使考核责任在终端电力用户、售电公司真正落地实施，构建自愿市场与强制市场融合的市场格局。

4.2.1 统筹绿色电力相关市场的协同发展

2022 年底，国家发改委、国家能源局联合发布《关于做好 2023 年电力中长期合同签订履约工作的通知》，提出要加强绿电交易与绿证交易衔接。在实际交易过程中应完善绿电交易与绿证核发系统的对接，缩短绿电交易后核发绿证的时间。要探索绿证体系与 CCER 的核发信息如何联通，完善碳排放核算规则，在碳排放核算中扣减购买绿电带来的碳减排量，充分认可用户消费绿电的减碳价值。

4.2.2 优化绿电支持政策

政府应制定适宜的财政激励措施，充分发挥政策导向作用。将绿电消费与新能源项目审批、税收优惠及产品绿色认证等相结合，深入挖掘供需双方潜能。对新能源产业在绿色信贷等方面提供金融支持，促进新能源项目长足发展，保证绿电供给量充足。普及绿色发展理念，提高公众消费绿电的积极性。

4.2.3 推动统一绿电市场建设

双碳目标下，绿电将成为未来电力市场交易的主要品种，需探索建立与新能源特性相适应的中长期交易机制，鼓励用户与新能源企业签订长期合约，确保新能源项目的投资回报。2022 年初，国家发改委、国家能源局颁发的《关于加快建设全国统一电力市场体系的指导意见》中提出要有序推进跨省跨区市场间开放合作。降低省间交易门槛，建立跨省协作交易机制，早日常态化开展省间绿电交易，激发绿电统一市场活力。

参考文献：

[1] 李强．西北地区绿色电力交易实践与思考 [J]．中国电力企业管理 2022（04）：30-32

[2] 臧宁宁．推动绿电、绿证和碳信用交易机制协同建设 [J]．中国电力企业管理 2022（04）：33-36

[3] 松楠．实现"双碳"目标亟需完善绿证交易制度 [J] 中国电力企业管理 2022（07）：60-62

[4] 翁爽．三问绿电交易 [J]．中国电力企业管理 2022（04）：22-25

[5] 袁敏，苗红，时璟丽，彭澎．美国绿色电力市场综述 [R]．世界资源研究所．2019

[6] 国家发展改革委 国家能源局关于加快建设全国统一电力市场体系的指导意见．中华人民共和国中央人民政府．2022 年 1 月 18 日

有限供电能力下电网企业供电服务管理的探索与实践

叶建锋　虞春艳　朱天宇

概要： 供电公司以实现"设备零故障、客户零闪动、工作零差错、服务零投诉"为供电服务工作目标。面对电力供应紧缺、电网升级改造等情况下供电能力不足的压力，如何做好有限供电能力下供电服务管理是电网企业的必修课题。本文主要以浙北某区供电分公司为例，探索构建一套科学化、系统化、规范化的供电保障工作机制，为同类型企业做好有限供电能力下供电服务管理提供参考。

关键词： 供电服务　有限供电能力　管理机制

做好供电服务工作是电网企业的初心所在、价值所在、使命所在。浙江是能源消耗大省和外来电输入大省，电力保供形势复杂，2022 年全省最大缺口约 700-750 万千瓦。面对电力供应紧缺与电网升级改造叠加下，整体及局部电力供应紧张等情形，浙北某区供电分公司结合企业实际，探索构建供电服务管理机制，大力提升电网企业有限供电能力下供电服务管理水平，有力彰显了"电力先行官"的责任担当。

1. 有限供电能力下供电服务管理机制内涵及主要做法

该供电公司以实现"设备零故障、客户零闪动、工作零差错、服务零投诉"为工作目标，围绕安全、稳定、优质、高效的总体要求，从保供电与提管理两个维度，构建上下协同、内外联动的供电服务管理模式，以组织领导、党建引领双轮驱动为基础，以区域供电能力风险静态分析体系和动态预警机制为技术支撑，以"政电协同"、"电企协同"、"部门协同"的三向协同机制为保障，以实施供电服务保障"七要素"工作法为抓手，构建有限供电能力下电网企业供电服务管理的新机制。

1.1 打造组织领导和党建引领双轮驱动

1. 完善供电保障工作组织管理机构。该公司成立供电服务保障领导小组，负责全面审定电力安全保障工作方案，指导监督方案具体实施，统筹协调过程问题，审定方案实施和考评结果。领导小组下设工程办公室，负责日常工作开展，完成领导小组下达的各项应急任务和命令，协调各工作组之间的任务分配。同时在办公室下设倒电操作、线路巡视、故障抢修、负荷监控、带电作业、后备电源管控、抢修施工 7 个小组，统筹编制小组工作计划。通过构建权责清晰、分工明确、协调顺畅的工作体系，为后续工作开展奠定了坚实的组织基础。

2. 打造供电保障工作红色动力引擎。聚焦旗帜引领，将党建引领深度嵌入工程全过程，使党建工作优势充分发挥到各条战线上，共同发力。聚焦目标引领，咬定打赢迁改补强攻坚战目标，精准发力。聚焦先锋引领，以红船党员服务队为主力军，组建保电共产党员服务队、青年突击队，开展"保电有我 有我必胜"专项立功竞赛，激发活力。通过党建引领，不断强化员工的大局意识、攻坚意识，为供电服务工作提供坚强的政治保障和队伍保障。

1.2 建立区域供电能力风险静态分析及动态预警机制

1. 构建区域供电能力风险静态分析体系。该公司首先以 OPEN3000、供电服务指挥系统、营销需求侧管理等系统数据为依据，构建区域供电能力风险静态分析体系。结合区域网架特点和设备限额情况，综合考虑转供条数、用户性质、设备历史运行和通道等因素，将相关历史数据分别封装成验证集和训练集，将训练集导入 LightGBM 机器学习算法优化出评分模型，再使用该模型对验证集进行计算，得到涉及停电的 110kV 嘉业变、110kV 浔北变等变电站供区线路的综合评分，按"60~70、70~80、80~100"三个分段划分为"Ⅰ、Ⅱ、Ⅲ"级风险（如表一所示）。

表一 110kV 浔北变供区风险等级表

影响因素 转供线路	转供条数 / 条	重要用户 / 个	历史故障 / 次	缺陷问题 / 个	综合 得分	风险 等级
人瑞 696 线	6	18	3	2	68	Ⅰ
适园 686 线	7	9	2	3	64	Ⅰ
大桥 693 线	3	5	2	2	78	Ⅱ
下坝 702 线	1	18	1	2	85	Ⅲ
浔镇 700 线	1	21	2	1	90	Ⅲ

根据该风险等级表，可对供电服务形势进行宏观把控，指导各部门差异化开展服务保障工作，提高整体工作有效性和针对性。

2. 建立区域供电能力风险动态预警机制。为优先保证民生用电，该公司建立动态预警机制，实现供电服务精细化、管理控制柔性化。根据风险静态分析结果，从线路负荷和用户负荷两个维度划分"红黄蓝"预警区域（如表二所示），差异化制定预警值和预警消除值；人员 24 小时不间断监控线路负荷情况，当线路负荷达到设定预警值后，立即查找预警线路下用户负荷情况，定位异常负荷；针对"红黄蓝"三色区域分别采取联合执法、现场巡查、远程干预等介入模式，确保预警精准及时、措施得当有力。按照工程进度，遵循负荷"有多少、供多少、缺多少、避多少"的原则，对"红黄蓝"预警区域分层分区进行需求侧实时管理，进一步扩大负荷控制能力，确保用电"质"和"量"最优化。

表二 110kV 浔北变供区线路预警判定表

风险区域 / 预警内容	线路负荷 / 额定负荷 /%	预警等级	说明
Ⅰ	≧ 80%	红色	
	介于 70%~80%	黄色	
	介于 60%~70%	蓝色	
Ⅱ	≧ 85%	红色	达到三色预警值,即触发预警。
	介于 75%~85%	黄色	
	介于 65%~75%	蓝色	
Ⅲ	≧ 90%	红色	
	介于 80%~90%	黄色	
	介于 70%~80%	蓝色	

1.3 建立"政 – 电 – 企"三向协同机制

该公司建立了"政 – 电 – 企"三方精准协同的工作联络机制,进一步保障工程进度及用户供电需求。

1. 政电协同,明确精细化用电需求。由政府主导,供电公司配合,联合发改经信等部门成立专项工作小组,优化电网迁改补强工程实施期间用户侧方案。通过"政电协同",最大程度平衡经济效益和供电需求,最大限度保障重点企业的用电需求。

2. 电企协同,提供柔性化用电服务。工程实施前,由供电公司通过对历史负荷曲线、装机容量、行业类型及其所在供电服务区等信息进行深度挖掘,制定了精细化柔性用电方案,争取用户最大的理解和支持。

3. 部门协同,开展专业化辅助决策。联合工程相关方,构建"合纵连横"专项技术支撑团队。根据施工情况和施工进度进行综合管控,定期开展工程推进会议,密切关注各项潜在问题,从头把控,从严把关,对各项不利影响因素展开分析,发挥专业化辅助决策职能。

1.4 实施"七要素"供电服务保障工作法

该公司抓好网架、设备、人员等关键要素,推进各项工作有机融合,全面提升供电服务保障工作质量。

一是局部补强,强网架。提前部署谋划,完成转供方案编制,针对无法转供或可优化转供方式的10kV线路,制定了全停前的专项联络完善工程。二是方案预试,保转供。创新编制了试转供运行方案,在正式停电计划前有序逐条完成重要设备方式、10kV线路、重要设备的试转供运行,发现问题隐患及时处理。三是危机预设,保应急。发放事故应急预案,排定转供线路"一主一备"方式表,组织全员进行专题学习,确保主供线路发生故障后,立即隔离故障点并转换备供模式。四是实时监控,保盯防。属地化建立15分钟巡视、抢修圈,提前协调带电作业班、配电公司变电、线路抢修施工队伍,配合做好联合值班工作,确保第一时间发现并排除隐患。五是联合执法,保实效。联合乡镇、发改局、执法局、公安分局等组成联合执法小组,在保供电期间实行同一办公地点、统一办公的合署办公模式。六是聚焦重点,保核心。按供电服务风险等级将重点设备及其高峰时段纳入核心保障体系,调配发电车24小时待命,保障政府、医院等重要场所突发事件用电。七是动态巡查,保安全。健全安全体系,落实安全责任,综合运用远程稽查、联合巡检、到岗到位等手段,落实本质安全管控要求。

2. 主要成效

(1)有限供电能力下的供电服务水平明显提升。形成了一套科学化、系统化、规范化的供电服务保障工作机制,使得资源分配、使用效率逐步提高,各专业、各职能部门和各单位之间协调配合、信息互通、纵向贯通、横向协同,形成管理融合、服务统筹、一体推进的服务保障工作格局。

(2)为地区发展注入蓬勃动力,具有广阔的经济效益。经测算,相比之前"一刀切"的粗放的管理模式,应用该机制后可大大减少停电用户，一定程度上能预防和化解电力供需矛盾，提高了电力服务地方工作大局、服务经济社会发展、服务广大用户的能力和水平。

（3）展现了负责任央企形象，为企业发展积累了无形资产。南浔地区以此管理机制实施的110千伏主城区补强项目，实现了设备零故障、用户零闪动、工作零差错、服务零投诉"四零"目标，相关工作被列为湖州市担当破难第一批典型案例，得到了社会、企业、百姓的一致认可，获地方政府领导批示表彰，为多因素交织下做好电力保供提供了有效借鉴。

3. 结语

该公司从组织保障、预警机制、多方协同、要素保障四个方面发力，构建有限供电能力下电网企业供电服务管理机制，坚决扛牢保供首要责任，持续提升供电服务品质，为推动经济社会高质量发展提供坚强支撑，对其他供电企业有效应对有限供电能力事件具备较高的参考价值。

县级供电企业"网络令+AI智慧调度"的配网调控模式探索

张彪　潘波　鲁济星

摘要：随着配电网检修计划的数量逐年激增，在当前县级电力调控员人力资源匮乏问题凸显背景下，传统的配网调控管理手段和管理模式已经很适应现阶段电网运行要求。本文提出了基于"网络令+AI智慧调度"的配网调控新模式，实现调度指令票的网络化流转和AI虚拟调控员代替人工管理配网分支线检修工作。该模式运用计算机网络、人工智能等技术，有效提升了调度控制数智化水平，完善调度端与受令端多维度协同模式，实现了停电管控精准化、透明化及集约化管控，为保障电网安全稳定运行提供强有力的支撑。

关键词：配网调控　网络令　AI智慧调度　数智化

引言

随着社会经济快速发展，配电网呈现多元化发展态势，其规模越来越庞大，拓扑结构也更加复杂，检修计划的数量也随之逐年激增。新业态对供电可靠性、供电质量和服务水平等主要生产经营指标提出了越来越高的要求。浙江电网各县（配）调控机构调控员数量普遍难以满足标准配置要求，人力资源匮乏问题凸显，配电网调控常规、传统的管理手段和模式已经很难满足新的要求。这就要求县（配）调控机构在加强人力资源建设的同时，必须以数字化、智能化为牵引，着力提升配电网调控的数智化水平及管理水平，减轻调控员值班工作压力，提高配电网调控运行效率，确保电网安全稳定运行。

1. 县调传统配电网调控模式现状

1.1 电网规模愈发庞大，拓扑结构愈发复杂

以安吉电网近 5 年规模发展情况为例，县域 220kV 变电站由 2 座增加为 3 座，110kV 变电站由 11 座增加为 13 座，10kV 线路由 250 条增加为 333 条，10kV 并网的分布式光伏电站由 28 座增长为 41 座。电网负荷及用电量方面，2018 年安吉电网累计全社会用电量 33.56 亿千瓦时，全社会最高用电负荷为 59.53 万千瓦。而 2022 年安吉电网累计全社会用电量 45.93 亿千瓦时，全社会最高用电负荷为 94.70 万千瓦，分别增长了 36.86%、59.08%。

电网规模的大幅增长，也导致电网基建、技改、检修等工程的数量逐年激增。以 2022 年为例，电网停电及带电作业工作繁重，工作累计 2483 项，较上年同比增长 21.18%。全年共累计发布 / 接收七级及以上电网风险预警 66 项，同比增长 127.59%。

在这样的背景下，县调调控员需投入大量时间精力到电网操作、工作许可、运行方式安排、电网风险分析、事故预案编制等传统调控业务当中，当电网发生故障时还要进行电网事故处理，给县调调控员带来极大的挑战。

1.2 新业态下调控员业务量激增，对调控值班提出更高要求

目前，涉及分支线调度的相关检修申请单、事故处理事件等占比已达一半以上。虽然分支线调度以状态许可的模式开展，模式固定、单一，但传统的电话令调度模式仍然占据了县调调控员不少时间精力。

随着配电自动化的发展，县调调控员远方监视、遥控的设备总数量也大幅上升。这也很大程度上加大了县调调控员的工作量。此外，以配电网

可靠性指标为导向的工作要求，也使得调控工作开展更加受制约。比如在配网停电计划审核环节，原本简单、单一的停电方案，可能因为不满足停电时户数要求，被拆分为多项停电工作或与带电作业配合开展工作，这也导致工作流程趋于多元化、复杂化，降低了调控工作效率。

1.3 人员配置不足，工学矛盾突出

根据浙江省调统计数据，浙江电网各县配调普遍为同样的人员配置方式，调控值班人员在 8–10 人左右。在当前的工作模式下，各县配调都普遍呈现人员紧缺，调控员长期超负荷工作的情况。部分调控员身兼两值，除了值班倒班之外，还要充当专职角色，负责部分管理工作。工作之余，调控员还要应对培训、调考、会议等工作。调控员的超负荷工作，也给电网调控工作、电网安全运行带来了隐患。

2. "网络令 +AI 智慧调度" 的配网调控模式主要做法

"网络令 +AI 智慧调度" 模式是基于浙江电网调控云系统的调度停电智能管控平台，在平台上实现调度指令票的多端交互及网络化流转，并借助部署在配电自动化Ⅳ区主站的 AI 智慧调度平台，与之实现数据贯通，实现分支线调度指令票的 AI 自动执行，具备多任务同步和指令票自动回填功能，能够代替大量机械性、重复性工作，极大地提高调控员的工作效率。流程图见图 1。

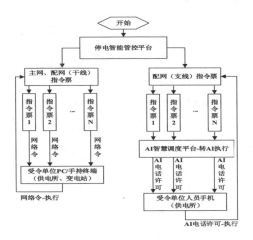

图1 "网络令 +AI 智慧调度"模式流程

2.1 网络令代替电话令作为调控操作主要发令手段

传统的电话令方式，具有模式单一、流程单线、电话堵塞、谐音误扰等适应性缺陷，随着电网规模的扩大及调控工作业务量的增加，这一方式的效率低下问题凸显。而在当前模式下，网络令代替电话令作为调控操作主要发令手段，则很好地解决了以上问题，提升调控员工作效率。

网络令具有多线程的特点，可以支持多张调度指令票的同时执行，这就避免了信息阻塞，节约了信息交互时间成本。同时，网络令的方式提高了调控员与各运维单位的多维协同，实现了各级调控之间、调控与各运维单位之间的信息交互，实现指令票全过程透明化，弥补了传统电话令在这一方面的空白。

变电运维单位可通过办公室或各站端电脑，接收系统中调度指令票的预、正令。供电所运维人员可通过内网手持终端，接收系统中调度指令票的预、正令。值得一提的是，目前外网手机"i 国网"APP，也实现了与停电智能管控平台的数据贯通，供电所运维人员也可通过个人外网手机，登录 APP 上网操作票模块执行相关网络令流程。

这样的模式创新，不仅提高了调控员的工作效率，也提高了各运行单位调度指令接收与执行的效率。自 2022 年开始，安吉县调已实现网络令的运维单位全覆盖。

2.2 AI 虚拟调控员代替人工进行分支线调度

分支线调度具有模式单一且固定的特点，指令执行的话术简单、固定，这为 AI 代替人工进行分支线调度提供了可行性。AI 智慧调度平台，利用了语音识别与文字识别技术，通过识别票面信息及指令执行人员电话的内容，实现 AI 虚拟调控员代替调度员与现场进行电话联系，执行调度指令票。若过程出现系统异常，或信息识别异常的情况，仍可由 AI 执行转为人工执行。

自 2021 年调控云调度停电智能管控平台代替原旧调度操作票系统单轨运行以来，AI 智慧调度也从技术层面实现了在新系统的应用。AI 智慧调度平台与调度停电智能管控平台之间实现了数据贯通，实现了调度指令票的获取与信息自动回填。安吉县调一直积极推进 AI 智慧调度在新系统的试点工作，经过近两年积极的推广应用，目前已实现常态化使用。

在湖州市范围内，安吉县调实现了 AI 智慧调度在新操作票系统的首次应用，标志着安吉供电公司在应用人工智能等新技术改造传统电网业务的实践道路上迈出了坚实的一步。

2.3 "网络令 +AI 智慧调度" 模式相较于传统模式的优势

随着配电网规模的扩大及调度管辖范围的增加，电网传统的配电网调度电话发令及分支线人工调度的方式，流程繁琐、进程单一、效率低下，在全省配网调控人员紧缺的大背景下，已难以适应工作正常开展的需求。"网络令 +AI 智慧调度" 这一双引擎多线式调度模式，则很好地解决了这些问题。它最大的优势就是节约了时间成本，解放了人力，减轻工作强度，将县调调控员从繁重的操作任务中解脱出来，可将更多的精力放到事故处置、供电方式分析上来，从而更好地提升调控员工作效率，保障电网安全稳定运行。

该模式通过研究新型网络化下令方式、智能公告、智能交互、防误校核等方面，运用计算机网络、人工智能等技术，实现了停电管控精准化、透明化及集约化管控，有效提升了调度控制数智力化和安全防误水平及运行管控效率；同时完善了调度端与受令端多维度协同模式，提升省地县三级调控机构与厂站端协同水平与效率，为保障电网安全稳定运行提供强有力的支撑。

3.应用成效

安吉县调作为在湖州市范围首个应用"网络令 +AI 智慧调度"双引擎多线智慧调度模式的县级调度机构,解决了传统调度模式存在的问题与不足,优化运转流程,提升配网调控效率,驱动公司调控运行网络化、信息化、智能化、精益化管理水平再提升。

特别是 AI 智慧调度使得效率提高最为显著。传统人工分支线调度的模式,调度员平均每天需接打 20 多个电话,通话时长 40 分钟以上,检修高峰期电话通道拥堵的情况下,耗费的时间更长。而使用 AI 智慧调度后,该工作内容则完全不需要人工执行,而且在 AI 虚拟调控员的参与下,多个工作现场可以同时开展工作,节省了大量时间,节约了检修高峰期宝贵的通信资源。

目前安吉县调已实现 AI 智慧调度全面接管分支线调度业务的目标,AI 有效执行率达 98% 以上。自使用新的模式以来,通过网络令或 AI 的方式已执行停役申请单 4000 余份,调度指令约 30000 余条。

在新的模式下,县调值班调控员每日平均花费在调度指令票执行方面的时间下降 50%。2022 年安吉县调执行电网设备停役申请单 2400 余张,保守估算按照每项工作申请节约操作时间 5 分钟,共计可减少停电时间约 12000 多分钟,每年多供电量约 20 万千瓦时,创造经济效益 15 万元以上。目前安吉电网规模为整个湖州市的 1/7,若此模式推广至整个湖州市,预计可增加供电量 100 万千瓦时以上,将产生更为可观的经济效益。

参考文献:

[1] 邵兴志 . 配调"网络化 +AI"智慧调度模式探索 [J]. 农村电工,2021(08):37-38.

[2] 杨丽 . 配网调控业务管理模式研究 [J]. 电力设备管理,2020,(10):58-59,64.

[3] 侯光 . 配网调控工作中的精益化管理 [J].2017 年度中国电力企业管理创新实践优秀论文大赛论文集,2018,:330-332.

[4] 左哲 . 提升调控运行精益化指标建立配网调控管理新模式分析 [J]. 中国设备工程,2020,(24):48-49.

低低温省煤器基于新发展环境下的优化改造

沈永超　孙志鹏　潘红根

概要： 受煤种变化、机组频繁启停、污泥掺烧等多种因素影响，火电机组锅炉受热面的磨损、腐蚀加剧，低低温省煤器的寿命大大缩短，维护频率、成本显著增高。同时，近几年经济形势下行，电力企业资金紧张，如果能找到一种低低温省煤器受热面优化改造方案，在减少资金投入的同时，原有设备还能继续高效稳定运行将成为解决此类问题的关键。

关键词： 低低温省煤器　腐蚀　降本增效　优化改造

引言

低低温省煤器受热面的低温腐蚀已经成为电力企业不可避免的问题。按照常规方案，当低低温省煤器换热管出现大面积腐蚀、磨损，就会对磨损、腐蚀段进行整体更换。但近几年，电力企业因煤价高企，经营形势趋向恶化。因此，低低温省煤器的常规更换面临着资金短缺的困境。所以，当低低温省煤器出现泄漏，电力企业只能选择对低低温省煤器进行部分隔离。目前，某电力企业期望能在节省资金的同时，完成对2台机组低低温省煤器的优化改造，以获得部分功能实现。

1. 存在问题及原因分析

1.1 受热面结构

该企业低低温省煤器有 2 个仓室分 A、B 侧，东面为 A 侧，分为 A1、A2、A3、A4 共 4 组模块，西面为 B 侧分为 B1、B2、B3、B4 共 4 组模块。每组模块又分为上、下 2 个模块，总计 16 个模块，每一模块有 32 排鳍片管。烟气流向：空预器出口烟气从 A、B 侧低温省煤器烟道上部流入经鳍片管换热后进入电除尘。由上述结构可见，该企业低低温省煤器结构设计合理，烟气流动均匀。因此，在制定改造方案时，必须要分析改造后对烟气流动的影响，是否会形成不均匀流速导致磨损的加剧。

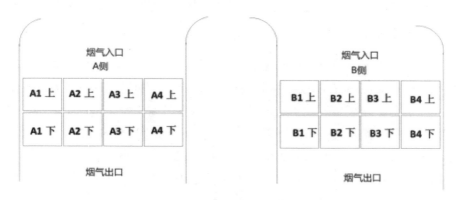

图 1 低低温省煤器结构图

1.2 存在问题

该企业 #1 机组低低温省煤器历史问题如下：A3 下模块夹笼内弯头及接管、B4 上模块管子、A4 下模块夹笼内弯头及接管、B2 上模块管子、B2 及 B4 下模块管子、A3 下模块管子等分别按照时间顺序出现了泄漏情况。在分析上述历史问题发现，泄露都是由管子腐蚀减薄引起。由于低低温省煤器内介质最高压力为 2MPa，再根据历次泄漏总结发现，每次腐蚀减薄引起的泄漏，都是因 1 根或 2 根管子泄漏引起，自机组投产以来暂未出现大面积换热管泄漏情况发生。

根据下表我们知道历次处理方案主要采用管排封堵和模块的短接方

式。管排封堵因漏点无法精确查找，故需要扩大封堵区域，这导致未泄漏的管子也一并被冗余封堵，同时短接更是直接把上或下模块直接隔离，这些临时处理方案大大减少了烟气的换热量，不利于机组的经济运行。

内容	泄漏位置	处理方式	备注
A3 下模块	夹笼	管排封堵	发生 1 次
A4 下模块	夹笼	短接	发生 1 次
B2 上模块	管子	短接	发生 1 次
B4 上模块	管子	管排封堵	发生 2 次
A3 上模块	管子	管排封堵	发生 1 次
A3 下模块	管子	管排封堵	发生 1 次
A4 下模块	管子	管排封堵	发生 1 次
B4 下模块	管子	管排封堵	发生 1 次

表 1 #1 炉低低温省煤器问题总结

1.3 原因分析

研究发现，该企业 2 台机组低低温省煤器底部积灰、堵塞严重，且积灰粘结性很大，部分鳍片管磨损、腐蚀减薄严重。通过化学分析发现粘结的灰分中含有硫酸氢铵成份。当烟温低于烟气酸露点时，烟气中的 SO_3 与水蒸气逐渐在换热管表面冷凝形成 H_2SO_4 雾滴，对换热管表面产生持续腐蚀作用[1]。另一方面是由于 SO_3 在低于烟气酸露点的情况下结露凝结，局部 SO_3 浓度过高，与上游烟气中逃逸的氨反应，形成硫酸氢铵[2]。硫酸氢铵与飞灰结合，大大增强了飞灰的粘附性，容易粘附在换热管表面引起管材严重的腐蚀[3]，内部腐蚀情况。

但是，根据历次泄漏情况可以看到低低温省煤器的每一次漏点位置不一样，我们无法套用统一的方案来消缺，只能根据漏点位置、漏点情况来进行针对性的处理。比如，在模块夹笼里发生了 2 次泄漏，在模块管子上发生了 7 次泄漏，那么我们能否针对夹笼泄漏制定专项改造方案，针对管子泄漏制定另一种改造方案？

2 优化改造方法

2.1 方案设计

根据上述泄漏原因分析，我们将方案设计分为 2 种：1、夹笼内泄漏处理方案；2、模块管道泄漏处理方案。而第 2 种方案为电厂常用的常规堵管方案，根据查出漏点进行个别或某一模块进行泄漏隔离，因此第 2 种方案在此不做深入讨论。

夹笼内泄漏一般是夹笼内弯管腐蚀、减薄造成的，对于夹笼内的泄露，我们要根据弯管的腐蚀情况分析。如果夹笼内弯管腐蚀情况不严重，只是个别弯管泄漏，其他弯管内部腐蚀减薄不明显，那么我们可以直接通过更换夹笼内弯管的方式来完成改造。

如果夹笼内弯管腐蚀严重，且腐蚀已经蔓延到换热管根部，单靠更换夹笼内弯管已不能满足低低温省煤器的投入条件，那么需要设计一种新的改造方式。

按照常规方法，如果夹笼内弯管和其连接的换热管都发生了严重腐蚀，那么一般会在计划检修中进行换热管及弯管的整套更换。但近几年电力企业运营困难，能用于低低温省煤器专项改造资金有限，我们只能探索新的改造方案，在完成低低温省煤器部分功能恢复的同时也能节省企业生产成本。在该企业 #1 机组 C 修期间，锅炉专业对 #1 炉低低温省煤器 A4 下模块泄漏进行了漏点检查发现夹笼内弯头腐蚀减薄导致泄漏。锅炉专业一开始制定夹笼内弯管更换计划，原计划通过更换腐蚀弯管的方式来实现 A4 下模块的恢复。但弯管割管后，发现夹笼内弯头腐蚀普遍严重，且腐蚀已经蔓延到鳍片管管段。为此，该企业锅炉专业组对此进行详细分析、讨论。通过分析发现，夹笼内弯管腐蚀严重，同时从弯管往里大约五分之一处鳍片管段也存在腐蚀，但再深入检查发现鳍片管腐蚀不明显，内部情况良好。我们对此经过讨论，决定对鳍片管进行"修旧利废"：腐蚀管道割除废弃，完好管道保留继续利用。

2.2 方案实施

将五分之一处的腐蚀鳍片管割开，将腐蚀严重的 20% 部分鳍片管直接拆除，然后在剩余完好的鳍片管上直接焊接弯管，并在最上面加装防磨瓦。这样 80% 鳍片管就被完好的保留利用，节省了一大笔改造资金。同时，完成改造后，为了保持烟气的均流流通，在空余通道上方再加装一个盖板，防止此处烟气流速过快形成烟气走廊导致弯管磨损。由于割管处没有夹笼的衔接作用，弯管无法直接焊接在鳍片管上，为此我们又创新了一种套管式焊接方法：在弯管和鳍片管之间再套接上一个管径略小的短管实现两者的衔接。

1.3 效果分析

经过上述改造后，本次改造对 #1 炉低低温省煤器 A4 模块改造进行了效果分析。由于 #1 炉 C 修 A 侧低低温省煤器改造只涉及 A4 下模块改造，所以在分析数据时，在 A 侧低低温省煤器在入口烟温一致、入口水温一致等条件下，可以通过研究 A4 模块改造前、后同一负荷下出水温度变化来分析改造效果。针对此次改造截取数据分析如表 2。

负荷	改造前（℃）					改造后（℃）				
300MW	103.0	103.1	102.8	103.2	103.1	102.2	102.1	101.8	103.1	102.9
400MW	105.3	106.2	105.9	105.3	104.9	104.3	104.8	104.2	103.8	105.1
500MW	106.6	106.8	107.1	106.6	106.4	105.4	105.7	106.1	105.4	106.1
600MW	110.2	111.1	110.9	110.5	109.6	108.3	109.7	110.2	110.1	109.8

表 2 低低温省煤器 A 侧改造前、后出水温度对比

由上表可知通过对 A 侧低低温省煤器 A4 下模块改造，并投运了部分换热管，这使得 A 侧低低温省煤器换热效率有所提高，出水温度在各个负荷下平均下降 1℃ 左右。

3. 结语

该企业 #1 炉低低温省煤器 A 侧换热管改造后各个负荷下出水温度均有下降，尽管下降温度只有 1℃ 左右，但经过后期热力计算发现，降低的 1℃ 水温能提高大约 5% 低低温省煤器换热效率，大大降低排烟损失，有

效提高了经济效益。同时，该改造方案给低低温省煤器的维护提供了新思路：维护不单单靠换管，也可以在金属分析的前提下，有效利用部分完好换热管，实现"修旧利废"的改造理念。这种新的思路在当前火力发电企业生产资金普遍短缺的大环境下，给电力企业谋求低低温省煤器经济化改造提供新思路。

参考文献：

[1] 崔晓光. 1000MW 机组低温省煤器应用浅析 [J]. 能源与节能，2019(8)：59-61.

[2] 马双忱，金鑫，孙云雪，等. SCR 烟气脱硝过程硫酸氢铵的生成机理与控制 [J]. 热力发电，2010，39（8）：12-17.

[3] 马双忱，邓悦，吴文龙，等. SCR 脱硝副产物硫酸氢铵与空预器飞灰反应特性 [J]. 热力发电，2016，10（11）：6563-6570.

"强党建促业务"内生动力的探索与实践

唐杰　　胡倩影　　陈武林

摘要：本文对电力生产企业基层党组织党建与业务工作双提升的经验方法进行了研究总结，从意识形态顶层设计、体系文化落地落实、党建业务融合贯通三个方面论述了党建引领的定位、系统观念的推动和思想赋能的成效。

关键词：强党建促业务　文化体系　思想赋能

激活基层党组织的凝聚力、战斗力、创造力，不断增强基层党建工作的内生动力和持续活力，是新形势下基层党建工作所面临的重大课题。近年来长兴分公司不断探索激活红绿蓝华能基因，以红色细胞为动力引领，深化科技创新绿色根基，激活孵化转型发展蓝色因子，以强党建促业务，激发一线支部党建内生动力，实现党建工作与企业发展同频共振。本文以综服部党支部工作实效为例，分析党建与业务工作双提升的实现方式与实践路径，对电力企业基层党组织"强党建促业务"的内生动力进行一番探索与实践。

1. 加强意识形态设计，构建支部文化体系

意识形态决定着一个国家、一个政党的性质，决定着举什么旗、走什么路的根本问题，一个支部一个部门，构建什么样的文化体系，就会形成什么样的行为导向，进一步增加政治自觉、思想自觉和行动自觉。

工作中我们往往容易支部做一套文化、部门做一套文化，缺乏一种系统化的有效链接。综服党支部在实践中注重体系化设计理念，在党支部初始形成的"致诚"文化基础之上，进一步拓展外延，将部门精神以及工会小家文化融合一体，开展顶层设计，形成文化体系，以党建为引领，创造一体化职工价值导向。

首先，支部通过广泛征集意见、小组集体讨论等方式，充分让职工参与文化体系酝酿过程，经过反复沟通形成了"致诚精神"及"致诚服务小家文化"。文化体系以党支部文化"致诚"为核心，形成一脉相承、相互呼应、层层递进的文化体系。

其次，对文化品牌进行层次化解读，加深职工对文化深度的理解与认可。如，"致力于心、真诚服务、幸福同行"的"致诚"文化品牌，通过十二字描绘了"用心服务"的宗旨、以及"幸福同行"的远景。"致诚精神"，用"细致、精致、别致；忠诚、真诚、热诚"十二字，进一步剖析"致"与"诚"的内涵，从细心的基准线到高水准的精致，再到与众不同的别致，从忠于职守的根本要求，到真诚流露的专业需求，再到发自内心的热衷于此，分层递进，引导方向。"致诚服务小家文化"以"敢为人先、甘于人后；勤心合力、幸福安康；建好小家、服务大家"三句话，阐述了小家建设理念，每八个字一个意境，表达了后勤人员不甘躺平、不服输的气度，以及勤劳团结、拥有美好憧憬的情绪，再者是先安内再攘外的认识，只有自己快乐向上，才能像小太阳一样传递暖心服务。而每节取一字，组成"后勤家"，即有共建小家的意思，也有成为后勤专家的寓意。

最后，广开言路，听取职工对文化与工作结合度、文化与部门定位准确度的反馈，设计融入的主导精神，能否落实在工作中，是与职工对文化的接纳度息息相关。通过一体化系统化打造出的党政工文化体系，全方位、立体化传递着不甘落后、勇于争先的斗争意识，踏实做事、团结协作的团队意识，以及这里有我、这里有家的归属意识，和敢于担当、乐于奉献的大局意识。

意识形态必须扎根于人心，方有引领方向的作用。

2.坚持文化落地落实，形成党建引领氛围

文化建设不是一朝一夕可以完成的，而是需要一个全方位推进的长效机制。而文化也只有真正落地落实，才能发挥出实效，在强党建促业务中发挥作用。为此，综服部党支部研究了文化落地落实的方法，从氛围营造、机制创新、思想共鸣三方面进行积极尝试。

首先，通过立体打造文化氛围，增加文化传播力。为达到良好的教育宣传效果，支部选择在楼道、走廊建设打造文化墙，分为致诚精神、小家文化以及小家成员形象墙，并以"落掌为盟"为形式，开展集体承诺，做成手印树上墙展示。通过每天进出的耳濡目染，加深印象。同时带来公开宣言的压力，激活血液中的激情，发挥党建文化引领人的作用。

其次，对部门的绩效考评进行改革，开拓创新激励机制。坚持开拓创新，是党的百年奋斗艰辛探索获得的一条宝贵历史经验。为进一步加强党建文化的导向作用，综服部党支部以党建文化作为部门绩效考核体系导向，通过增设"兼职奖"，激励"多劳多得"，通过"形象奖""创新奖""攻坚奖"和"协同奖""主动奖""参与奖"等项目，提升价值导向。将职工个人的履职态度、履职效果作为影响奖金的基数。形成动态考核，发挥绩效考核指挥棒作用，调动全体人员工作积极性，激发正能量。

再者，开展实施多元化的群众文化活动。成立文化"臭皮匠"小组，深入挖掘身边的人与事，积极宣传"致诚"文化好故事。通过宣传，让更多的人了解真正的后勤服务工作，同时树立全体员工的自豪感与自信心。策划开展多种团队活动，及时慰问生病职工，增强支部内部思想交融，传递组织关怀关心，凝聚团队力量，提升归属感。

3.党建业务融合贯通，思想赋能服务提升

文化孕育内生动力，机制激活内生动力，党建引领工作开展方向，综服部党支部将工作重心放在增强"造血"功能上，以人为本，将党建无痕化地全面融合业务之中。

3.1 听取职工思想动态，关心职工，灌输"有为有位"思想。

结合部门工作实际和人员情况，绘制支部人岗相适地图，了解部门多年岗位不流动的原因，把准根脉，重塑动能。以党群文化、部门管理兼职工作为平台，把有潜力的人放在适合的位置上，作为练习场。并通过支部季度职工思想动态分析汇报，向党委反映职工实际，以奋斗换取认可，形成"人多岗低"向"人少岗提"逐步过渡，达到"减人增效、培养梯队"效果。

3.2 优化教育形式，落实学用结合，加强思想文化引领。

综服部年龄结构整体偏大，文化层次参差不齐，为此，支部优化教育形式，进一步提升针对性，呈现及时响应、化整为零、学做结合特性。上级学习材料和主题通知，支部第一时间组织传达，其次，结合部务会等日常会议，选重要思想反复讲或者强调讲，并由部门主要负责人先期学习消化，谈体会学重点。第三，通过特别策划，在主题党日、道德讲堂、党课中，融合学与做。

比如，技术党课开在现场，在集中学习后，深入现场，由专业人员介绍设备工作流程，由安全员进行安全隐患讲解及现场危险点因素剖析。在党风廉政教育学习后，与会人员讨论"什么是思想上的杂草、身边容易产生的腐败和问题"，然后前往生产现场开展"除草"行动，以义务劳动除草，带动思想自觉。比如在"安全生产提升党员先行"主题党日中，活动设计"理论学习""现场安全检查"两个模块，在规定环节之外，开启特色频道。检查同步企业全员安全生产责任制落实整改年活动、安全隐患大排查大整治、安全生产提升年行动和"双提升"工作要求，边学边查，加强学习效果，同时在工作中体现党员模范带头，发挥带动作用。

同步拓展内容与形式，在传统读原文学原理基础上，增加微型党课、技术党课、形势党课、廉洁党课等内容，通过"个人领学、集体跟学"、视频教育、现场教育、研讨座谈、集中听讲等多种方式，打破学习上的"审美疲劳"，提升学习效果，达到打牢理论修养、提升综合素养的目的。

3.3 运用党建共建平台，推进业务能力，促进服务水平提升。

秉承"开门搞党建"的理念，综服部党支部以党建共建为平台，推进业务工作的联建与共建，获取专业支持为全厂职工谋福利。通过共建，与中医院共同成立中医日间诊疗点，方便职工就近理疗。与多家医院共同开展健康档案管理，成立"致诚健康工作室"，开展慢病管理，并进行日常健康知识科普。定期前往结对社区开展义诊、开方服务。食堂与多家单位保持信息共联，降成本提服务。通过组织共建，实现资源共享、情感互融、工作合力。

如何实现党建强业务强、强党建促业务，综服部党支部以系列探索实践，寻找了内生动力的奥秘，它以文化体系的构建、文化氛围的形成、思想教育的丰富、文化宣传的感召、机制措施的激励、党建共建的双赢、以人为本的宗旨等，不断丰富内涵。从教育人、引导人、温暖人人手，形成团结合力，激发内生动力，最终全面激活工作活力。

基层国有企业思想政治工作的探索与实践

卜鹏　冯昕鑫　王婉伊

摘要： 思想政治工作是党的优良传统、鲜明特色和突出政治优势，是一切工作的生命线。国网湖州供电公司作为基层国有企业，以习近平新时代中国特色社会主义思想为指导，认真探究国有企业思想政治工作特点，深入开展形势政策教育，创新推进政治理论学习，持续深化"旗帜领航"党建工程，以高质量党建引领保障公司谱写中国式现代化湖州电力新篇章。

关键词： 国有企业　思想政治　探索实践

1. 论文背景

2020年12月30日，中央全面深化改革委员会第十七次会议审议通过了《新时代加强和改进思想政治工作的意见》，指出：思想政治工作是党的优良传统和政治优势，要围绕举旗帜、聚民心、育新人、兴文化、展形象的职责使命，加强和改进思想政治工作。国网湖州供电公司作为基层国有企业，坚决落实习近平总书记重要指示批示精神和党中央重大决策部署，突出电网企业特点、彰显湖州地区特色，全面构建企业思想政治工作体系，持续深化"旗帜领航"党建工程，充分调动广大干部职工的积极性、主动性、创造性，为奋力开创湖州电力高质量发展新局面提供政治保证和思想保障。

2. 工作思路及探索

2.1 "二元驱动"强部署，聚力建设省公司高质量发展高地市域样板

始终牢记"国之大者"，牢牢把握"思想"与"人才"两个关键要素，着力推动公司高质量发展。以理论武装为高质量发展提供思想驱动。深刻理解党的二十大精神的核心要义、精神实质、丰富内涵、实践要求，扎实推进党的创新理论学习教育计划，深入开展主题教育，严格落实"第一议题"制度，完善中心组学习巡听旁听制度。以党员培育为高质量发展提供人才驱动。深化实施党员教育"百千万素质大提升"精品工程，打造"名师""名课"。优化基层供电所党支部书记配置，健全完善支部书记争先创优赛马机制，强化能力素质提升，构筑起坚强战斗单元。

2.2 "三化管理"促融合，聚力建设省公司新时代党的建设高地市域样板

数字化管理促进数智融合。依托省公司"智慧党建平台""国网党建信息化综合管理系统"，形成党建生态指数"数据看板"，实现数据实时观测、动态完善，做到党建工作全要素流程化和考核手段可观可测。项目化管理促进优势融合。运用项目化方式深入推进"党建+"工程，促进党建与业务优势互补、双向融合。深化创建党员责任区、示范岗、服务队、突击队，打造"党建+业务双链融合模式"。生态化管理促进机制融合。进一步发挥联建驱动力，打造"共建共治共享"生态圈，推动内外协同、多维度发力，创造党建价值，推动公司党的组织网络融入城乡基层党建网格，推进新时代文明实践，助力乡村振兴和基层治理。

2.3 "四高标准"提质效，聚力建设省公司新时代国有企业精神高地市域样板

高质量推进思想调研。探索数字化牵引思想政治工作，利用大数据开展职工思想动态调研，精准掌握职工思想状况、心理活动和行为趋向。高质量传承红色精神。牢记浙江"红色根脉"的鲜明底色，巩固拓展"红船

精神、电力传承"特色实践成果，持续做实"红船·光明"系列品牌。高质量赓续文化基因。借力地域文化特色，深入践行"绿水青山就是金山银山"理念。以全国文明单位新突破、省级文明单位县区全覆盖为目标，选优建强企业文化中心，落实"浙江有礼"市域文明新实践。高质量塑造先进人物。立足专业、聚焦基层，以公司志愿服务中心建设为载体，完善公司先进典型推优体系，久久为功拓展高等级荣誉。

3. 具体措施及成效

3.1 强化政治引领，把准思政工作方向

坚持以二十大精神为指引，按照提前谋划、明晰重点、精心安排、全面贯通总体安排，把二十大精神学习宣贯作为年度思想政治工作重要方向和主题主线，确保思政工作方向准、不动摇。一是系统部署、率先垂范。密切关注二十大日程安排，组织开幕会收听收看，设立集中收听收看点104个，实现公司党员全覆盖。及时制定学习宣贯党的二十大精神工作方案，公司党委率先垂范，通过党委会"第一议题"及时传达会议精神，举办理论学习中心组"党的二十大精神"集体学习会，邀请专家进行专题辅导报告，深刻领会党的二十大精神。二是精心安排，走深走实。各级党组织通过"三会一课"等载体进行学习研讨258次，开展形式多样的宣讲活动226场，覆盖式参加二十大精神公开班网络培训以及二十大知识线上竞答。举办职工书画摄影展和青年联学联建活动，设立"深入学习贯彻党的二十大精神"宣传专栏，充分展现公司高质量学习贯彻二十大精神的实践举措。三是全面贯通、引领发展。坚持学思用贯通、知信行统一。推进绿色共富示范，建成全省首个"未来乡村绿电服务中心"。助力"双碳"落地，发布"碳效码"2.0和全国首个区域性动态电力碳排放因子。落实市委市政府统一部署，全域开展废弃线杆"拔刺"专项整治行动，提前完成"百日攻坚"全域废弃线杆清零任务。

3.2 强化思想引领，筑牢思政工作根基

以习近平新时代中国特色社会主义思想凝心铸魂，扎实开展"强国复兴有我"群众性主题宣传教育活动。以上率下带头学。认真落实"第一议题"制度，组织党委理论中心组集体学习会、专题读书班以及专题辅导报告会，在集体研学中提升领导班子成员政治"三力"，公司政治理论研学成果在《湖州日报》"思学"专版刊登。分众精准互动学。建立"领导讲学 + 专题授课 + 现场教学 + 党员互动"的"四位一体"模式，让习近平新时代中国特色社会主义思想深入人心、指导实践。智慧平台创新学。依托国网"网上党校"，举办"学习贯彻党的十九届六中全会精神"网络专题培训，公司领导人员、各级党组织负责人参与培训。延续"重走"系列活动，迭代推出"重走奋进路"指尖课堂，推动二十大精神学习在 8 小时外延伸。

3.3 强化组织引领，夯实思政工作阵地

深入推进"旗帜领航"党建工程，深化构建"党委坚强、支部管用、党员合格"党建生态，以坚实基层基础为思想政治工作提供坚强组织保障。"党委坚强"发挥核心作用。发挥党委把方向、管大局、保落实作用，市县两级修订完善公司"三重一大"决策管理细则、决策权责清单、前置研究讨论重大经营管理事项清单，确保公司始终沿着正确方向坚定前进。推动党史学习教育常态化长效化，持续推出"我为群众办实事"20 项专项行动。出台助企纾困"十优十助"举措。"支部管用"坚强基层堡垒。规范公司本部、产业单位和县区公司本部党组织建设。探索开展党支部决策规范性研究，制定支委会议事规则，进一步提高支委会议事质量。"党员合格"彰显担当作为。深化党员教育"百千万素质大提升"工程，规范开展党员教育培训，实现党组织负责人、党员全覆盖。实施服务队"培优塑形"暨"人民电业为人民"专项行动，第一时间发出抗击"梅花"台风倡议，党员服务队在防汛抗台、电力保供等一线当先锋、作表率。

3.4 强化价值引领，彰显思政工作成效

弘扬国有企业党员价值追求，示范引导广大干部职工积极践行社会主义核心价值观，形成崇德尚能、干事创业的良好氛围。深化推进"党建＋"工程。聚焦安全生产、电力保供、优质服务等 11 个专业领域，坚持书记领衔、项目化运作，创新运用"专业＋基层"联合模式，立项实施"党建＋"项目。推进"党建＋保电"，按期完成亚运会场馆客户侧保电准备工作，全面实现特高压密集通道立体化智慧巡检，圆满完成党的二十大、全国"两会"、进博会、迎峰度夏等保电工作。优化企业文化建设。全面宣贯《国家电网公司企业文化建设工作指引（2022）》，高质量开展"企业文化月"活动，承办省公司"文化走亲"，举办企业文化"故事汇""作品展"，集中展示公司发展成就。强化精神力量感召。积极树立身边看得见、摸得着的先进典型，"救在身边"公益项目带头人获得浙江省委常委、常务副省长徐文光充分肯定及辛保安董事长批示，项目获浙江省红十字事业突出贡献先进集体称号。"点亮心灯"志愿服务项目获评浙江省青年志愿服务项目大赛铜奖。公司长三角生态能源碳汇基金、红十字应急救护培训志愿服务队、滨湖红船共产党员服务队等获评"湖州慈善奖"。

4. 结语

国网湖州供电公司对照党中央、国务院印发的《新时代加强和改进思想政治工作意见》要求，树立"以党建引领发展、把党建融入发展、用发展成果检验党建成效"的党建工作理念，坚持"高标准、高质量、高效率"的党建工作导向，奋力打造湖州电网新时代党的建设高地。

电力企业青年创新创效工作典型路径的
探索与实践

费旭玮　薛琳　王婉伊

概要： 随着国家改革发展走向纵深，近年来电力企业对青年创新人才队伍的培养提出新的课题，也对青年创新创效工作的建设提出更高要求。本文以 GROW 成长模型为依据，通过"设定目标—诊断现状—选择方案—强化意愿"的 GROW 成长模型，聚焦"三个一"的目标，打造"1+N"个创新阵地，打造"研学""创争""建功"平台，持续激发青年员工创新"支撑力"、"驱动力"和"竞争力"，开展青年创新创效工作典型路径探索与实践。

关键词： GROW 成长模型　青年创新创效　人才培养

在能源革命深入推进，新型电力系统建设方兴未艾的关键时期，迫切需要更多优秀青年人才投身创新创造，解决电网转型发展中遇到的一系列难题。当前，基层供电企业普遍面临深化改革中青年人才培养机制不健全、青年创新工作载体缺乏、青年创新工作参与意愿不强、青年创新工作需求与资源不对称等痛点问题。因此构建青年创新创效工作典型路径是助推青年员工成长成才的必然要求。

1. 主要内容及实施途径

国网湖州供电公司以 GROW 成长模型为理论依据,以青年人才培养为靶向,探索企业青年创新创效工作典型路径,实施 GROW 成长模型"设定目标—诊断现状—选择方案—强化意愿"的四步循环,即聚焦目标(Goal),打造"一支创新队伍、一套创新培育机制、一个创新人才评价体系";诊断现状(Reality),青年创新意识培养缺乏"引导性"、氛围营造缺乏"亲和性"、动力提升缺乏"长效性";选择方案(Options),打造"三个平台""两个阵地";强化意愿(Will),以全方位、全过程、全链条的服务引导,引导青年员工主动开展创新工作。

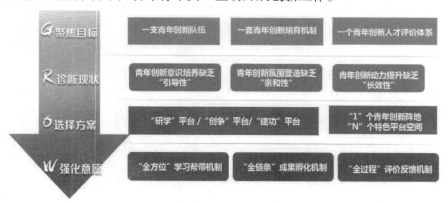

图 1 课题整体思路

1.1 锚定"三维"目标 Goal

聚焦创新队伍建设,以提升工作效率、实现个人价值为宗旨,充分激发青年自主创新动能,在需要革新工作流程、打造业务新模式时可随时集结,互相启发,组队攻坚克难。

聚焦人才队伍培训机制建设,通过聘请公司业务专家及外部行业创新导师精心授课,以开放式研学氛围激发青年员工的求知欲和创新热情,打造人才队伍核心培育模式。聚焦青年创新人才评价体系构建,以发掘青年创新人才为导向,根据青年员工的创新参与度等指标,构建青年创新人才评价体系,遴选、激励优秀青年创新人才。

1.2 了解现状 Reality

面向公司青年员工开展全方位调查研究，发现青年创新缺乏"三性"。意识培养缺乏"引导性"，对于新入职的青年往往引导力不够；氛围营造缺乏"亲和性"，创新创效往往与前沿领域结合，一些"土方子"得不到支持；动力提升缺乏"长效性"，缺少及时、动态、清晰的激励反馈机制，持续转化产出的动力不足。

1.3 探索行动方案 Options

1.3.1 打造"研学"平台，提升青年员工的创新"支撑力"。打造"青年会客厅"研学品牌，定期邀请系统内外导师、兄弟单位团组织联合开展课题研究、项目交流等多元活动 23 次，深化"简秀青年工作站"等基层团组织"研学"平台，开展组织技术交流、技能分享、政策宣贯等"微课堂"26 次，拓宽青年员工视野。

1.3.2 打造"创争"平台，激发青年员工的创新"驱动力"。以 RPA 应用竞赛为例，首先建立以青年员工为基础、各单位部门层层参与、协同推进的工作体系。其次，国网湖州供电公司团委组织开展"青创训练营"定向指导，完成项目的立意、开发、提炼和实施推广，通过海选、初赛、复赛逐级选拔，遴选优秀项目路演发布、重点孵化，为青年员工搭建风采展示舞台，提供成长交流平台。

1.3.3 打造"建功"平台，强化青年员工的创新"竞争力"。围绕安全生产、优质服务等业务领域，将青创工作与"青年文明号""青年岗位能手""青年安全生产示范岗"等争创工作有机衔接起来，开展"号手岗队"创建活动。截至 2022 年，已累计获得全国青年文明号、全国青安岗等荣誉 58 项。

以提升青年创新工作组织力为重点，实行"1+N"创新阵地建设模式，围绕国网湖州供电公司"碳路者"青年创新创效工作室主阵地，依托各基层团组织阵地特色，衍生打造特色平台空间，提供青年创新交流讨论、项目攻坚等开放式服务。

1.4 强化意愿 Will

构建"全方位"学习帮带机制，通过导师"联动"、骨干"带头"的模式，帮助青年快速提升创新能力。构建"全链条"成果孵化机制，精心拓展项目"储备渠道"，由青工"揭榜挂帅"落地实施。定期召开专题会议，形成党委重视、行政支持、团委组织、青工参与的良好运作格局。同时持续开展青工创新成果转化激励机制，从原始创新、专利申报到分红激励提供全流程精准服务，让青年员工平等共享成果转化收益。构建"全过程"评价反馈机制，强化青年创新"物质反馈"和"精神反馈"。制定《"青提指数"青年成长积分方案》，细化 14 个子项的评价规则，对青工进行全方位量化评价考核和"精准画像"。积极打造"湖电青年"共青团宣传主阵地，开展青年创新、科研交流活动等内容宣传，抢占互联网时代"青春地盘"。

2. 取得成效

2.1 青年能力素质与创新水平有力加强

电力企业青年创新创效工作典型路径的探索与实践，为青年思想交流提供了优质活动平台，为企业发展营造了奋发向上、锐意进取的工作氛围。一是青字号品牌建设成绩斐然。2021 年，国网湖州供电公司调度控制分中心获评全国青年文明号，国网安吉县供电公司带电作业班获评浙江省青年文明号，进一步提升了企业形象。二是青年思想交流更加活跃。平台建设拓宽了团组织团结青年服务青年平台，为强化青年思想凝聚提供了新路径，2021 年以来成立青创团队 14 支，组织各类创新活动 24 次，参与498 人次，特别是调动了一部分非活跃青年积极参与科技创新活动，激发青年活力。三是青年人才综合能力培育方面取得显著成效。以青年人才为培养为靶向的青年创新创效工作体系建设，发扬了"传帮带"优良传统，以赛促练、以练促学，提升了青年员工业务技能学习意识和业务综合技能水平，2021 年以来共培育浙江青年工匠 16 名、省市级青年岗位能手 4 名。

2.2 企业精益化管理水平不断提升

通过"一阵地两平台三机制"建设，有效激发电力青年创新创效热情，全面提升青年员工创新能力，形成了"技术创新、管理创新和服务创新"三大模块创新创效体系，2021 年以来，青年员工累计发表科技论文 17 篇，取得发明专利 23 项、实用新型专利 11 项。其中"碳效码"成果全省规上工业单位增加值能耗下降 6%，节能 130 万吨标煤，减排二氧化碳 350 万吨。"绿聚能"成果应用实现 30 家民宿能效提升 20%，年均减少用能支出 300 多万元，减少电工用工成本 180 余万元。

2.3 企业内质外形建设持续深化

电力企业青年创新创效工作典型路径的探索与实践，充分动员了广大青年员工参与科技创新，2021 年以来优秀创新成果不断涌现，其中 QC 技术创新成果《缩短配网不停电作业夜间抢修时间》获第五届中央企业 QC 小组成果发表赛一等奖，《"变"热为宝—变压器余热回收利用系统的研制及应用》荣获第五届浙江省青工创新创效大赛金奖，"碳效码"青年创新成果在全国"振兴杯"、国网公司青创赛均获金奖，进一步提升了企业影响力。

3. 结语

国网湖州供电公司以 GROW 成长模型为理论依据，实施"设定目标—诊断现状—选择方案—强化意愿"的四步循环，搭建"研学""创争""建功"三个平台，打造"1+N"个创新阵地，从青年创新创效体系出发，构建了多种模式激发青年活力，效益显著，对其他单位引导青年员工开展创新创效工作具有较高的参考价值。

燃煤发电企业计划性检修反违章管理的几点思考

王斌　　陈刚　　罗淑远

摘要：违章是安全生产的大敌，是安全生产事故的源头。燃煤发电企业在计划性检修期间参修单位多，作业人员多，工作周期长，作业环境复杂，现场的违章直接影响检修工程安全。必须通过制定严密的反违章工作计划，按检修过程不同阶段实施专项检查，严格执行规程，杜绝违章作业，保证计划性检修工程安全稳定实施。

关键词：燃煤发电企业　计划性检修　反违章管理

1. 存在问题

由于燃煤发电企业计划性检修是一项复杂系统性检修工程，涉及不同专业，参修人员来自不同的单位，存在一些影响检修安全的因素，如人员安全意识、基本技能、专业素养以及参修单位现场安全管理状况，如何开展综合管理工作来控制生产现场的违章现象，是长期困扰燃煤发电企业安全生产的难点和堵点。本文依据多年从事燃煤发电企业计划性检修的实际工作经验，略谈几点思考。

2. 加强反违章队伍建设

队伍建设对于任何企业都是至关重要的。燃煤发电企业计划性检修的各方安全管理人才队伍建设，是保障安全生产的前提。

2.1 组建反违章工作小组

燃煤发电企业计划性检修涉及电力运行和检修各种工作、工况、环境作业，包括如动火、有限空间、重物吊装、电气操作等危险性较大的作业，以及汽轮机、发电机、锅炉、化学、仪控等不同专业，多单位的交叉作业、多部门和多工种共同参与，相互之间很难明晰本职以外的业务流程和检修规章。由此必须成立以企业领导、安全监察部和专职安全成员以及外包单位项目负责人、技术负责人、安全负责人为核心成员的工作小组，制定相应的严密检修反违章计划，相互配合、互为技术支持，严格把关，做好风险防控。

2.2 按期召开检修安全专题例会

组建安全监督网络，将参修单位安全员、安全监理纳入安全监督网络，定期组织安全专题例会，协调和通报各类现场安全管理情况，及时纠正影响安全生产的各种违章行为，每周对安全管理工作先进的参修单位和个人进行表彰奖励，奖励先进、激励后进，调动安全监督网络成员的积极性。

2.3 加强参修人员安全培训

在规范做好参修人员三级安全教育规定动作的同时做好自选动作，一是向每支参修队伍发放检修手册和反违章工作规定，做到有法可守、有章可循；二是让入厂安全教育入脑入心，制作精良的入厂安全教育视频，加入动漫的新颖形式，告知检修现场主要危险现象及危害，形象生动地提高每位进场施工人员安全意识；三是严格做好安全交底，分专业开展安全交底工作，如对炉内升降平台搭拆、发电机转子吊装等风险较高的工作项目开展专项工作交底，提升安全技能，确保"心中有数、工作有方"。

3. 制定反违章管理计划

根据工期广泛听取各级生产管理人员意见，结合以往计划性检修出现的问题，精心编制计划性检修反违章工作计划，为检修安全文明生产提出高标准要求，包括工作目标、工作机构、工作职责、工作重点、工作具体措施，以及具体工作流程等。

3.1 目标明确

没有工作目标的工作计划，只是规律性重复昨天的行为，仅启到提示的作用，不具备激励和督促的效果，反违章工作计划要将"零违章、保零事故"作为反违章管理最高要求，并制定细致的工作计划加以实施。

3.2 计划细致

反违章检查计划的内容，必须包括参修单位资质审查、安全教育培训、分阶段实施的各项专业检查，以及检查频次、检查标准和责任人。做到计划有层次、工作有标准、重点要突出、执行有落实。

3.3 定期改进

计划性检修工期较长，适时对反违章工作计划实施情况进行评估，结合检修生产实际不断对工作计划进行动态调整，以达到更好控制效果。

4. 分阶段管控

加强各类反违章管理工作，必须遵循标准和计划，突出加强现场管控，分阶段全覆盖开展反违章活动。

4.1 计划性检修开展前

首先根据计划性检修特点及参修单位的实际情况，严格审查各参修单位入厂资料，严查"三措两案"的有效性和可操作性，对特种作业人员和特种设备操作人员进行严格资质审查，真正把好参修人员的入口关。

其次开展检修和在运机组物理隔离措施工作检查，同时开展专业安全交底工作检查、脚手架检查、参修单位班前会检查，检查安全技术措施是否得到正确执行，包括安全防护设施、作业场所环境、施工工器具和设备、脚手架等是否满足安全技术措施的要求，检查上述工作是否规范性执行，确保计划性检修安全平稳开展。

4.2 计划性检修前期

随着计划性检修工作面的全面铺开，联合监理单位、参修单位以及各生产部门对生产现场开展联合检查，对汽机机房、配电室、锅炉各处上百个工作现场，每日开展定期检查和不定期检查，对发现的违章现象立即要求整改并通报考核。

4.3 计划性检修中期

多场景开展各类专项检查，根据阶段性工作、重点工作以及高风险作业开展情况，联合组织专业管理人员，开展锅炉升降平台使用前专项检查，燃烧系统防火专项检查，施工用电专项检查，开展炉膛、除氧器、电除尘等有限空间作业专项检查，开展季节性特点工作检查，开展脱硫吸收塔防腐前专项检查，遏制重大安全风险的发生。

4.4 计划性检修后期

计划性检修工作逐步结束，设备依次转备用，通过开展有限空间恢复检查、脚手架拆除恢复专项检查、各区域设备牌遗失成品保护和启动前文明生产专项检查、调试作业专项检查等，确保机组设备安全文明有序恢复备用。

4.5 安全管理监察

将计划性检修安全管理从现场管控向管理督查延伸扩展，检查参修单位安全防护用品、安全工器具、作业场所环境等是否符合规程要求，检查装置性违章的整改情况，对参修单位自身安全管理工作标准执行情况进行监督检查、评估和评比，在安全例会上通报，以管理监察倒逼参修单位提升安全管理工作，从而全面落实各参修单位安全主体责任，确保计划性检修现场的安全稳定。

4.6 旁站管理监督

依据反违章工作计划，对现场的外包旁站监督执行情况进行检查，对存在的外包监督范围不明确、外包反违章管理不到位、外包旁站监督遗漏现象进行检查，对存在问题提出考核意见，同时对参修单位的违章现象按照规定进行旁站监督连带考核。

5. 加强反违章工作宣贯工作

燃煤发电企业计划性检修是一项常态化周期性的工作，坚决杜绝违章，确保零事故，通过加强对反违章工作宣贯，促使生产现场工作安全稳定有序。

5.1 领导率先垂范推动落实

结合每周开展的厂部领导安全审核活动，不定期组织厂部领导带队参与计划性检修的反违章安全检查工作，会同专业管理人员进入生产现场开展各种检查，将厂部领导和专业管理人员纳入反违章检查队伍，让企业每一个管理层级和工作人员时刻牢记反违章这个企业安全生产的根本，不断增强保证体系人员管业务必须管安全、管生产经营必须管安全的意识。

5.2 做好安全交流互动性工作

组织安全监督网络成员参加参修单位开工班前会、班组安全活动等，增进相互交流、信息共享，对身边的违章行为进行和安全生产事故案例分析总结，结合作业特点实际开展讨论，共同查找不安全因素，对可能发生事故的危害性及处理措施达成共识，以良性互动推动安全管理工作在生产基层有效开展。

5.3 做好反违章等安全信息传递工作

全面宣贯"安全就是信誉、安全就是效益、安全就是竞争力"安全理念和"零违章、保零事故"反违章工作目标，开辟反违章工作征文专栏，利用微信、宣传板、宣传条幅、广场大屏、局域网络等媒介，发送反违章视频、安全警示片、违章照片、反违章工作规定、违章通报，无差别无遗漏无延迟做好反违章工作宣贯和各种安全警示工作。

6. 结语

深入贯彻"安全第一、预防为主，综合治理"的安全方针。计划性检修结束后，及时做好计划性检修反违章工作总结，联合各部门各参修单位安全管理人员，分析此次计划性检修反违章工作中的成效、问题和工作方法，总结不足之处，积累好的经验，为下一次计划性检修工作打下坚实的基础。燃煤发电企业计划性检修期间参修单位多，检修工期长，作业人员多。通过精细化管理确保机制领先，制定严密的反违章工作计划，加强安全教育培训，分阶段实施专项检查，开展多层次专业检查，不断深化反违章工作，确保计划性检修期间的安全生产稳定。

国有企业青年人才队伍建设探索与实践

陈海燕　　钱伟燕　　王蔓

摘要：青年人才队伍建设是企业持续发展的坚强保障，是一项战略性、基础性、全局性的工作。本文以浙江浙能长兴发电有限公司（以下简称"公司"）为例，以中层干部、专业人员和基层员工三支队伍建设为抓手，探索建立一套科学的青年人才培育体系，助推不同层次青年员工成长成才，保持企业干部员工队伍的生机与活力，促进人尽其才、才尽其用，赋能企业战略的实现。

关键词：国有企业　青年人才　选拔机制　培育工程

引言

近年来，国有企业关键重要岗位断层现象时有出现，部分中层干部年龄集中且偏大、生产技术人才青黄不接、青年后备人才储备不足等问题接踵而来。青年员工可塑性强、发展潜力大，如何在企业青年员工中发现并培育人才，探索建立青年人才培育体系，从而最大限度推动青年人才队伍在企业转型发展中发挥主力军、先锋队作用，是一个值得认真探索和深入实践的重要课题。

1. 掌握和分析人力资源现状

公司成立于 2001 年 7 月，拥有四台 330MW 燃煤发电机组，同时还负责两台 435MW 天然气发电机组的运维项目管理。公司目前在职职工 559 人，其中 35 周岁及以下 175 人，45 周岁及以上 319 人。

1.1 中层干部现状

公司目前中层干部 42 名，从出生年份看，60 后 3 人，70 后 26 人，80 后和 90 后共 13 人，其中 70 后出生的中层干部占比 62%，1970 年出生的中层干部有 5 人，均为中层正职，年龄较为集中。

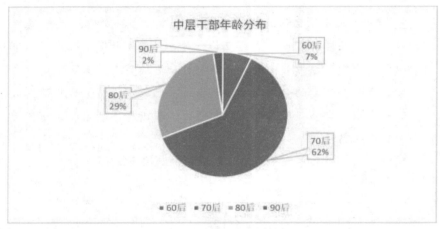

图 1　中层干部年龄分布图

1.2 生产技术缺口

公司在创建之初，由三家电厂的员工汇聚而成，一线员工年龄相对集中，随着有经验的老员工退休或调离，生产技术缺口时有存在。

表 1　生产技术相关班组平均年龄表

相关班组	维护部汽机班	维护部锅炉班	维护部电气一班	维护部班组长	维护部专工组	设备管理部环化专业组
平均年龄	53	48	45	47	46	47

1.3 人才储备分析

目前公司 35 周岁及以下青工共有 175 人，高校所学专业类别及占比分布如下图，基本符合公司主业及可持续发展要求。其中，中层干部有 7 人（中层正职 1 人），见习值长 1 人，职等段为主管级有 63 人，青年人才队伍建设大有可为。

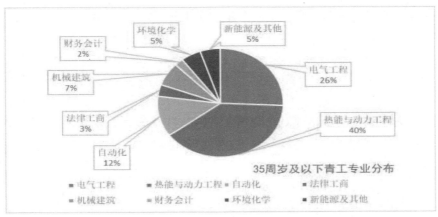

图 2　35 周岁及以下青工所学专业分布图

2. 青工成长需求分析

传统能源企业青年员工从事岗位大多是点检、专工、集控运行等生产技术岗位，自身职业发展缺少导师指引，视野也会受到工作岗位的限制，期望企业能够提供更多展示才华的平台。

2.1 青年员工特点

青年员工思想比较活跃，学习能力较强，积极主动，希望在岗位上运用所学的专业知识，能在短时间内晋升到理想的岗位。工作中，青年员工在基层岗位能够适应成长，但工作时间长了，常常会在繁琐、单调的日常工作中安于现状，个别抗压能力不足的，还会因工作上遇到的困难和问题而产生负面情绪和心理负担。

2.2 青工职业规划

国企青年人才职业发展一般是行政管理和专业技术两条通道。通过这两条路径培养青年人才的终极目标，就是成为优秀的领导者和领军的技术专家。不管是走哪一条路，都需要企业营造人才发展的良好环境，拓展发展空间。青年员工也需要明确自身角色定位，将个人与企业发展目标相统一，在国企改革创新和转型发展中建功立业。

3. 工作思路

培养效能取决于培养对象和培养人的选择，选对了人、确定了培训内容，再辅以"沉浸式"的培养方式，培养效能就可以加速提升，成为支持企业高质量发展的持久动力。

3.1 选择值得培养的人

人才培养需要长期持续的投入，以关键群体作为重点岗位后备人才的培养对象，对企业来说是一种投入产出比较高的做法。如何确定关键群体，公开选拔是一条有效路径，可以让有潜力、可培养的后备人才浮出水面。另外，企业还应该多维度进一步拓宽培养对象的选择，如企业内部已担任值长、专业主管、专工等重要岗位的青年骨干，以及校园招聘时考虑管培生等。

3.2 让有能力的人去培养

青年后备人才快速成才，除了个人的努力，关键还在于培养人的培养能力和带队能力。一般而言，培养对象所在部门的领导、各专业主岗位等都可以充当培养人，但从提升培养效能出发，青年后备人才培养更需要人事部门搭建平台，让有能力、有经验的师傅、劳模、专家们成为导师，以模块化培训为抓手，布置具体工作任务，参与机组计划性检修、重点工作项目等，实现跨部门、跨专业"沉浸式"培养。

3.3 在实践中选择恰当的方式培养

岗位是最好的课堂，实践是最好的老师。对于管理类后备人才，可以采取轮岗、培训、参与重大项目等多种形式进行实践锻炼，熟悉了解经营管理，能够尽快成熟、独挡一面；对于专业技术类后备人才，班组培养是基础，要做到向工作学习、向同事学习，同时通过跨部门学习的方式，授予"点检助理""专工助理"等称号，压担子、加压力，加快技术技能水平的提升。

4. 工作开展

青年人才培育是一项系统工程，通过公平公正的"赛马工程"、结构合理的"蓄水工程"和重点锤炼的"工匠工程"，强化人事部门与其他部门之间的协同配合，探索建立基于关键核心知识技能的模块化培训模式，不断优化青年人才培育体系的顶层设计。

4.1 赛马工程做好"选"字文章

为激发企业内部竞争活力，公司建立了一套公平公正的青年人才选拔机制，针对不同人才制定专项工作方案，根据相应的岗位或人才需求明确选拔标准，技术岗位后备人才选拔通过内部专业技术力量来识别人选，中层后备人才选拔借助外部专业咨询公司，同时结合实际制定素质评价内容或标准，运用好笔试、面试、性格分析、管理潜质测评等工具，以定性与定量相结合的方式，衡量、预测和判断青年员工的综合能力，选拔出一批具有潜质的青年人才。

4.2 蓄水工程做好"培"字文章

选培结合，才能为人才的有效使用奠定基础。针对管理类后备人才，建立以政治标准为第一要求的人才培养机制，部门负责人要定期与青年员工谈心谈话，并在关键岗位、重大项目上压担子，督促指导后备人才提升本领、干好事业；针对专业技术类后备人才，公司建立以设备管理部等技术部门为核心的人才培养机制，将每个专业进行模块化分类，与公司内名师签订师徒合同，分块分类进行培训。鼓励后备人才参加各类职业技能培训及竞赛，以赛代训提升技能，进一步提升后备人才的素质和能力，丰沛企业人才蓄水池。

4.3 工匠工程做好"用"字文章

大力弘扬"工匠精神"，安排青年后备人才承担重大项目、重点工作，鼓励青年员工静下心、沉下身，高质量完成工作任务，进一步丰富成长经历。积极落实"浙江青年工匠"培养项目的各项要求，组织开展"青年工匠说"等活动，同时依托"楼文耀技能大师室"，让青年后备人才在企业克难攻坚、破题纾困中发挥作用。根据公司实际，将可培养、有潜力的青年后备放在合适岗位，推动人岗相适、人事相宜。

5. 进一步思考

"恰同学少年，风华正茂"。青年人才队伍建设既能激发青年员工的内驱动力，又能推动企业良性发展，营造企业和个人的双赢局面。企业在选人用人上要突出政治引领，形成各尽其能的人才使用机制和能进能出的有序竞争机制，构建一支结构合理、数量充沛、能挑重担的人才后备梯队。

5.1 政治引领，树立担当作为的选人用人导向

习近平总书记指出："把青年一代培养造就成德智体美劳全面发展的社会主义建设者和接班人，是事关党和国家前途命运的重大战略任务，是全党的共同政治责任。"国有企业要坚持党管青年原则，坚持把政治忠诚作为选人用人的首要标准，树立担当有为的鲜明导向，突出专业能力的过硬标准，使青年员工在担当中历练，在尽责中成长，培养勇于担当、敢于作为的青年人才队伍。

5.2 需求契合，开创各尽其能的知人善用局面

国有企业不仅要结合企业发展战略做好后备人才队伍规划，加强人才

的选拔和培养，更要根据企业可持续发展、重点任务、新业务拓展等工作需要，科学合理使用后备人才。通过搭平台、建机制，打破隐性台阶、论资排辈、平衡照顾等约束，突出能力导向、技术导向和业绩导向，拓宽青年人才选拔任用渠道，充分发挥青年人才的聪明才智，在公司内形成各尽其能、多元发展的良好局面。

5.3 考用结合，形成能进能出的有序竞争模式

建立动态化后备人才考核机制，对选拔出的后备人才要从政治、实绩、能力、作风四个方面进行综合考评，对于受到党纪、政纪处理，或经综合研判已不适宜继续作为后备人才培养的，要及时调整；每2-3年开展一次后备人才选拔，对于各方面表现突出的，要及时补充进入队伍，使青年后备人才队伍始终保持一池活水。同时，加强青年人才信息管理，以数智人资为依托，及时更新相关基础数据，实现对青年人才队伍的数据化和精准化管理。

6. 小结

青年兴则企业兴，青年强则企业强。国有企业面对新形势下的任务与挑战，通过平台搭建、机制建设，努力培养一支有理想、有本领、有担当的青年人才队伍，进行常态化动态管理，在中层干部、专业人员和基层员工三个维度中发挥重要作用，共同实现企业与员工共成长。

关于深化运用"三基四力"有效提升队伍新活力的探索与研究

孙益　朱梦舟　计晓怡

摘要： "发展是第一要务，人才是第一资源，创新是第一动力。"随着国有企业改革的持续深化，如何充分发挥国有企业党建独特优势，把供电企业员工综合潜力充分挖掘出来，把专业队伍切实建立起来，持续加强企业发展核心动力，是员工队伍建设工作面临的新课题和新挑战。本文主要从实施背景、主要做法、具体实施和取得成效四个方面进行分析讨论。

关键词： 人才队伍　党建引领　技能培训　创新创效

1. 实施背景

1.1 服务优化电力营商环境的外部形势需求

近几年来，党中央、国务院高度重视优化营商环境建设，电力体制改革全面加速，增量配电市场逐渐放开。省公司深入贯彻中央精神，要求打造"国内领跑、国际领先"的"获得电力"浙江样板。但市场竞争意识不强，服务手段较单一等等仍是供电企业亟需解决改善的短板。当前环境下，为提升客户满意度和获得感，基层一线员工队伍如何进一步提升人员综合素质、落实"一岗制"作业能力、提升"一站式"服务水平等等，仍是供电企业面临的首要任务。

1.2 应对供电所队伍结构性缺员的内在形势要求

当前，基层供电所结构性缺员情况较普遍，一线员工老龄化、离退休人员批量集中、外包人员技能水平参差不齐等问题尤为突出。吴兴供电分公司各供电所目前平均年龄已达46周岁，即将退休人数占现有从业人数比例高达20.57%。受结构性缺员及老龄化影响，供电所基层人员技能水平、业务能力难以有效提升。因此，如何提升基层员工队伍整体活力、缓解人员缺员断档压力迫在眉睫。

2. 主要做法

吴兴供电分公司在优化电力营商环境、建设多元融合高弹性电网的大背景下，在基层供电所结构性长期缺员的形势面前，立足于"三基"（基层、基础、基本功）发力端，通过解析目前基层员工亟需提升的素质能力与业务水平需求短板，从"四力"（党建引领力、岗位适应力、作业协同力、创新创造力）平行维度探索，将党建基础夯实与员工队伍建设深度相融，把核心业务、基础力量、关键支撑牢牢掌握在自己手中。

2.1 持续强化思想建设，提升党建引领高度

2.1.1 深化"党建+"主题教育，强化责任担当

国有企业是中国特色社会主义的重要物质基础和政治基础，是我们党执政兴国的重要支柱和依靠力量。有效提升员工队伍活力，首当其冲就是加强员工队伍思想建设。为此，公司开展各类"党建+"主题教育活动，不断将理论与实践融汇起来，切实做好"学党史、悟思想、办实事、开新局"这党史学习教育后半篇文章。利用各供电所的办公楼道，将"空白墙"变成"党建文化宣传墙"和"思想引领主阵地"，进一步提升基层职工对企业认同感、强化员工责任担当。

2.1.2 发挥劳模头雁效应，树立学习标杆

打造高水平劳模工作室，一是为更好地服务大局、促进发展，弘扬劳

模时代精神，发挥劳模示范引领和辐射作用；二是为进一步促成供电所基层员工学有所向、学有所成，为供电所基层员工树立学习标杆。公司通过全国劳模吴克忠、省劳模孙哲唯领衔下基层的方式，定期走访各供电所开展用电、安全巡回培训和廉洁教育，向供电所基层员工持续输出劳模工作室的工作理念和工作方式。

2.2 不断夯实理论基础，打造岗位适应厚度

2.2.1 组织业务专项培训，提升专业水准

为进一步提升供电所基层人员业务水平，促进专项业务的顺利开展，公司年度组织开展各类专业专项培训共计 20 余项。开展"理论 + 实操"的跨专业岗位适应性技能培训，促使员工全面强化安全意识、提高实操水平，实现供电所"安全基础牢固、营配业务融合，业务执行规范"的总体目标。

2.2.2 实施综合能力集训，拓展综合素质

为增强供电所基层员工综合业务素养，公司全年组织开展综合类理论基础教育培训十余项，包括内外部形势、沟通管理、行为管理等。通过各类综合能力拓展培训，加强供电所基层员工有效沟通能力，转变员工在服务过程中落后的服务意识，以更加正面积极的外在表现赢得客户的信赖，促进员工综合素质能力再上新台阶。

2.2.3 开展青工一月一讲，实现以教促学

为促进青年员工职业发展提升，创建有利于基层青年员工成长的良好环境，建立一支职业素养一流、业务技能一流、工作作风一流、岗位业绩一流的青年人才队伍，公司组织青年员工开展"一月一讲"活动，引导和鼓励青年员工带着问题学习，培养员工的学习习惯，提高新业务学习能力，逐步实现基层员工个人素质的普遍提高和协调发展。

2.2.4 实操实练人人过关，推动以考促培

为进一步加快推进配网高低压专业融合，公司围绕"稳中求进促发展 争先创优作表率"的工作思路开展"实操实练、人人过关"培训考试工

作，先后开展了 10 余项理论培训，组织实施了三期 36 人 "10kV 电力电缆头制作及安装"、两期 24 人 "配网自动化培训" 以及 "采集终端运维及异常处理" 等 6 项实操考核，参加培训考核人员累计达 1000 多人次，以考促培，推动新业务、新技术设备尽快落地实施。

2.3 切实改善队伍结构，拓展作业协同维度

2.3.1 搭建新老融合班组，加强协同互补

为提升供电所基层班组队伍整体作战能力，公司根据班组成员年龄情况，融合搭建新老融合型班组。一方面充分利用老师傅丰富的现场实战经验及成熟稳重的工作作风，防止新员工将闯劲和上进心转变成不切实际和好高骛远；另一方面，充分发挥新员工工作积极性与创新性，以新员工较强的适应能力与学习能力来提升班组整体对新政策、新技术的推广运用水平。

2.3.2 开展团队协作演练，提升协作水平

团队协作能力是增强团队整体作战能力的有效途径。公司开展一线团队协作演练，以台区低压线路改造实战为例，公司滨湖供电所组织 3-5 人为单元组建临时施工班组，完成更换 3 档低压绝缘导线、2 档接户线、1 对拉线及安装居民电能表等工作任务。演练和考察团队的组织措施和技术措施，锻炼队伍人员的操作技能。

2.4 积极推进五小建设，提升创新创造力度

2.4.1 搭建 QC 创新平台，提高创新认知

进一步引导供电所基层员工发现、解决实际工作中遇到的问题，对实际工作中各类小发明、小改造、小设计进行鼓励支撑，与高校、名企之间合作，开展对配网新技术、新材料探索与研究，为基层员工搭建各类 QC 创新孵化的平台，"一种双孔铜铝接线端子" 等专利获国家知识产权局授权。

2.4.2 组建基层创客团队，升格正向激励

为激励基层员工开展创新工作，公司贯彻"尊重劳动、尊重知识、尊重人才、尊重创造"的方针，专门设置年度创新人才、年度创新基金等系列奖励来激励员工在日常生产中，应用先进技术、管理方法，提高工作效率，提升管理水平。成立青年创新小队，积极发挥青年骨干人员在科技创新中的主观能动性，《一种小电流接地故障查找定位系统》专利获国家知识产权局软著授权。

3. 取得成效

3.1 员工职业技能提升，争先氛围浓厚

深入运用"三基四力"探索实践以来，在生产、营销等各个领域培养了大批专业人才。同时充分发挥人才以点带面的功效，在公司内形成了"比学赶超、人人争先"的良好氛围。2022 年以来，公司基层职工 1 人次获省级荣誉，1 人次获市级荣誉，7 人次获市公司级荣誉，公司整体共获 5 项省公司级及以上集体荣誉。

3.2 优质服务水平进阶，满意再创新高

经过岗位练兵，基层员工学习"互联网＋供电服务"和综合能源服务等新业务技能，实现工作职责再固化、业务环节再优化、流程时限再压减，内部协同再提升，客户服务工作水平大幅提升，客户满意度与优质服务管控能力再创新高。2022 年全年 95598 投诉工单下降 85.71%，非故障工单下降 35.52%，不满意工单下降 62.29%。

3.3 配网供电可靠提升，双轮效益凸显

通过强化员工队伍核心能力建设，各项新政策、新设备不断应用完善，供电可靠性不断提升。2022 年，居民年户均停电时间减少至 51 分钟，同比下降 34.51%。同时，带电作业等手段进一步压缩了客户办电时长，高压用户缩短至 22.3 个工作日，低压非居用户缩短至 7.6 个自然日。间接

通过减少故障停电、缩短客户接电时长等举措，进一步实现了让客户早送电、少停电的目标，社会效益凸显。

4. 结语

吴兴供电分公司结合实际，紧紧围绕强化员工队伍核心能力建设这一主命题，探索研究如何发挥国有企业"党建+"优势。通过推进"四力"建设，夯实"三基"基础，强化员工争先意识、比拼意识、创新意识，练就"全科医生"，为企业发展奠定坚强队伍保障。

以社会责任理念促进基层供电所优质服务水平

诸骏豪　满敬彬　朱梦舟

摘要： 国网湖州吴兴供电分公司滨湖供电所是湖州主城区供电所，承担着近15万用户的供电服务，在深入推进"共同富裕示范区"建设背景下，在老旧小区向未来社区蝶变过程中，碰到的新问题多、涉及利益相关方多，该所通过建设社会责任体系，开展"电靓万家"社会责任主题实践，在指标提升、队伍培养、优质服务等方面都获得了显著成效。

关键词： 社会责任　优质服务　老城区

1. 滨湖供电所基本情况

滨湖供电所位于吴兴区月河街道东街471号，管辖月河、爱山等7个街道，供电面积35平方公里，现有员工78人，下设5个班组。辖区内共有110千伏变电站7座，10千伏线路87条，线路总长744.8公里，配变共1666台，其中公变1191台，专变475台。作为湖州主城区供电所，承担着近15万用户的供电服务，是全湖州居民用户最多、设备智能化率最高、城区业态最丰富的供电所。

滨湖供电所辖区以建成时间10年以上的街巷楼群为主，道路普遍狭窄，沿街商户和历史文化建筑密集，城市社区居民用户占比达89.1%。因此，供电所于2006年开始探索"电靓万家"特色实践和吴克忠供电服务队建设，是湖城电力服务公认的金名片。在深入推进"共同富裕示范区"建设背景下，在老旧小区向未来社区蝶变过程中，碰到的新问题多、涉及利益相关方多，如老旧小区加装电动汽车充电桩、狭窄巷道拔除退役借挂电杆、历史文化商业街加敷电缆等，尚无可复制、可借鉴的经验，都需用社会责任理念去解决。

2. 社会责任体系建设

一是构建社会责任文化体系。滨湖供电所通过多年社会责任实践探索，在文化建设、组织保障、业务管理、绩效考核中深度融合社会责任理念，以"电靓万家"为目标，立足辖区实际，提出以电力"三新"（新理念、新模式、新技术）应对辖区"三老"（老街巷、老小区、老龄化）促进社区"三提升"（生活便利、环境优美、绿色低碳）为路径，并建立社会责任管理模型，积极开展社会责任实践。

二是设立"绩效＋积分"制的管理模式。撰写并公示《滨湖供电所创建社会责任示范点实施方案》，成立社会责任工作小组并设立专（兼）职联络人，小组由所领导班子组成，所长担任组长，专职联络人负责统筹协调和日志管理，兼职联络人由各班组长担任，负责具体工作落地实施。在所《月度经济责任制考核办法》、《"争先创优"劳动竞赛考核办法》中设立示范点绩效管理指标、标准和考核机制，在《所长奖励基金分配办法》中每月评选"社会责任履责之星"。社会责任主题实践中的志愿服务、利益相关方联动工作采取积分管理，作为年终评优选先的重要参考。

三是厚植社会责任履责理念。邀请专家到现场"把脉问诊"并开展专题培训，提升社会责任知识水平。绘制社会责任管理模型，布局示范点展示窗口，以"品牌开放日"的形式，邀请利益相关方参观、交流，持续向员工和大众传播社会责任观和实践成果。通过悬挂横幅、签订倡议书、设立展板、文化上墙等形式，提升员工社会责任知识水平和履责意愿。开展劳模面对面、社会责任沟通日等活动，以走进社区、企业互学互比的方式持续自我改进提升。

四是引导履行社会责任的自觉行动。将"社会责任根植项目"作为供电所年度重点工作，致力牵头解决聚焦群众急愁难盼问题，同时每年编制工作计划，撰写工作总结。从利益相关方视角出发，全面梳理工程、运检、营销等典型业务流程，优化形成岗位履责清单 19 份，编制典型业务流程优化图 13 张。

3. 重点开展"电靓万家"社会责任主题实践

滨湖供电所于 2006 年在全省率先发起"社区·电力"共建工程，致力于为城市社区充电赋能，在 16 年精耕细作中又与"老旧小区改造"、"未来社区"、"两美建设"等重点工作深度融合，形成了滨湖供电所特有的工作模式和员工行为规范，主要实施了以下三方面的社会责任主题实践：

一是聚焦生活便利，提供"电力主导、各方协同"的窗口服务。面对辖区内用户老龄化严重，出行不便的问题，供电所依托社区电力驿站，施行首问负责制窗口服务理念。通过与社区签订共建协议，加入街道议政会、志愿者联合会等形式，与城投公司、水务集团、通信运营商、医院、教育局等利益相关方建立常态交流机制，带动各方为用户提供家门口的一站式窗口服务。建立"电亮万家"社区电工志愿服务队，协同利益相关方开展"暖巢档案""求助爱心灯"等十余项行动。

二是聚焦环境优美，奉行"技术赋能，久久为功"的运维服务。面对辖区内人员密集、商业价值高、文明建设标准高、可靠性要求高等实际问题，滨湖供电所遵循"技术赋能，久久为功"的精神，全市首次试点"电缆熔接"等新技术，开发"城区施工信息共享平台"微信小程序，通过频繁开展"零点行动""拂晓行动"，确保利益相关方共同获益。

三是聚焦绿色低碳，建立"政企协同、分类施策"的解决方案。面对新能源汽车市场的突飞猛进式发展和辖区内老旧小区变电容量有限、公变电源不足、停车位共用等实际困难，滨湖供电所重点开展"老旧小区充电桩集体加装"社会根植项目，从创造经济社会综合价值、解决民生难题的角度出发，通过协同经信局、规划局等 8 个利益相关方实现共同"创造价值"，推动小区电动汽车集中充电电价政策出台，协同政府发文《湖州吴兴区电动汽车充换电服务网络建设"十四五"发展规划》，推动市级 6 部门联合出台《关于新建住宅小区和公共建筑等充电基础设施规划设计指导意见》。项目成果—《供电企业服务居住区的充电设施系统化建设管理》获省公司 2021 年度管理创新成果三等奖。

4. 社会责任示范点创建成效

一是内部指标处于前列。滨湖供电所在 2021 年劳动竞赛中年度排名第一，2022 年月度排名均处于前列，各项指标稳中有升，其中非故工单同比下降 46.14%，投诉工单同比减少 100%，成为零投诉供电所。

二是外部评价高度认可。"电靓万家"社会责任主题实践用扎实行动赢得了湖城百姓的口碑。事迹被新华社、人民网等主流媒体广泛报道，形成文章 65 篇，累计收到湖州百姓赠送锦旗 82 面、感谢信 25 封。"点亮心灯"、"电亮万家"志愿服务项目分获 2022 年浙江省青年志愿服务大赛铜奖、2021 年湖州市新时代志愿服务大赛银奖。

三是团队成员屡获殊荣。获国网优秀共产党员服务队、"浙江省工人先锋号"等团体荣誉 13 项，员工获全国优秀共产党员志愿者、国网优秀服务之星等个人荣誉百余项，也涌现出了全国劳动模范吴克忠、省公司优秀志愿者章逸、市公司最美奋斗者满敬彬等模范人物。

5. 未来发挥示范点作用的具体安排和构想

下一步，吴兴分公司将继续把社会责任示范点建设作为一种责任去担当，通过"三度"建设，全力推进社会责任管理更上一个台阶。

一是打造品牌"亮度"。以利益相关方视角继续丰富"电靓万家"展厅内社会责任内容展示，在社区电力橱窗增设社会责任展板，同时撰写相关宣传报道并多平台投稿，向社会公众实时展示社会责任成效。在暖巢档案室、社区电力驿站、老旧小区公共充电桩、岸电等示范点，开展开展互动式沉浸式体验活动，通过对项目的亲身体验，为参观的人留下深刻印象。

二是推进示范"广度"。与其他单位建立合作机制，通过互帮互促示范带动兄弟站所共同进步。在"电靓万家"社会责任主题实践基础上，进一步探索该模式在其他单位、部门转化实践的可能，以继续创新社会责任管理模式，全面提升公司社会责任管理和实践成效。

三是探索融入"深度"。加强社会责任理念的宣贯和培训，不断增强履责意愿和履责能力，促进员工持续主动优化业务和流程。持续做深做实社会责任绩效管理，引领社会责任理念植入全业务流程每个环节和每个岗位。继续深化加强责任根植项目立项和实施，狠抓项目落地和成果输出，推进供电所各专业工作更加符合社会责任要求。

6. 结语

滨湖供电所通过建设社会责任体系，开展"电靓万家"社会责任主题实践，在指标提升、队伍培养、优质服务等方面都获得了显著成效，其辖区特色和长期社会责任主题实践都具有一定的代表性、典型性和示范性，对其他老城区供电所提高优质服务水平具备较高的参考价值。

基于燃煤电厂化验室的煤质监督管理

孙晨馨　　张炜　　潘友国

摘要：煤质监督管理是化学监督管理的重中之重。华东某电厂化验室从燃料管理系统、煤质化验方法、技能人才管理，化验室管理等方面对煤质监督进行创新性管理，有效的保障电厂的安全生产与经济运行。

关键词：煤质监督　创新管理　数据不落地　成效

前言

煤质监督管理作为燃煤企业赖以生存和发展的基础，是化学监督管理的重中之重。为实现智能、高效、精准的控制燃煤化验数据，确保煤质化验的准确性，规范化验室管理，提高人员技能，华东某电厂化验室从燃料管理系统、开创提高数据准确度及数据校核新方法、样品存放及台账管理、注重人才培养等方面对煤质监督进行创新性管理，有效的保障电厂的安全生产与经济运行，推动了化学专业的发展，取得显著成效。

1 燃料管理系统的升级管理

燃料 2.0 质量检测管理系统是在原有燃料全过程管理系统基础上的升级版本，全面实现了"数据不落地"，使燃煤化验数据更加智能、高效、精准。

1.1 制化交接系统升级管理

燃煤电厂燃料 2.0 质量检测管理流程如图 1 所示，主要有采样、制样、化验三个环节，实现采、制、化人员的信息隔离。样品制化交接管理现采用制化交接系统软件，替代原有人工记录样品重量的方式，通过"扫制样码—电子天平称重上传—比对成功—化验室收样管理—扫描制样编码生成化验编码"一系列流程实现制化交接线上管理。

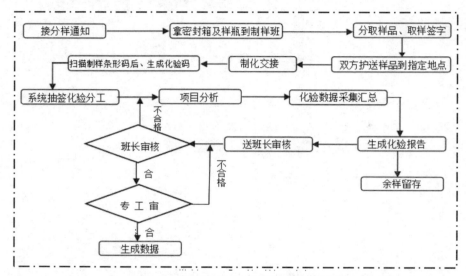

图 1 燃料 2.0 质量检测管理流程图

1.2 化验数据传送系统升级管理

称重管理系统与实验设备对接，化验码需用扫码枪扫入电脑，使用电子天平称重后重量自动传输到分析设备，实现煤样化验全过程"数据不落地"。化验数据直接传送到燃料全过程，直接进行数据采集和审核，具有自动判断重复性临界值并提示实验结果是否超差的功能，突破了靠人工判断数据及第三方软件控制的限制，全面实现煤样质检全过程"数据不落地"。化验管理系统对采集上来的化验原始数据进行数据汇总计算，系统，化验人员在化验管理系统内审核数据，对有疑义的数据要及时复检，对化验数据确认无误后，化验管理系统自动生成化验单、化验报告送审。

2. 煤质化验方法的创新管理

2.1 开创煤质校核方法

为准确测定煤炭发热量，及时发现数据误差，纠正化验操作中存在的问题，化验室主动探究燃煤发热量与水分、灰分等指标间的密切关系，自主研发运用数理统计方法建立多元回归方程并用预测计算值与测定值进行比较，从而对燃煤化验数据进行校核的方法。在实际工作中，根据推导并经过验证的多元回归方程，通过建立 excel 表格进行分析对比，将动态煤质变化回归方程各系数值导入表中，以此来校核化验数据的准确率，实现化验数据自动校核及预测，节省审核时间，提高工作效率，校验校核公式每月需进行更新。已作为班组煤样化验质量控制体系审核及预测的重要工具，应用于具体生产实践简便、快捷、预测及数据审核准确率高，有效避免实验过程中系统误差和随机误差的产生，为准确提供电厂锅炉煤耗指标计算数据提供重要保障，值得推广。

2.2 探究准确测定燃煤发热量的方法

煤炭发热量的测定结果是评价煤炭质量的重要指标之一，准确测定煤的发热量是煤质监督的重中之重。通过化试班在实际工作中的探究，规范试验操作，探究影响测定发热量准确度的因素，并采取相应措施，主要通过以下方法：（1）规范称样操作，校准天平，样品充分混匀后称取，数据稳定后读取。（2）检查氧弹气密性，在每次实验前，均将空氧弹充足氧气，置于水中浸没几分钟，如果没有气泡产生，说明氧弹不漏气。为保险起见，在装好样品充氧后，再次将氧弹至于水中浸没 5 秒以上，若无气泡产生方可进行实验。（3）控制充氧时间及充氧压力，需依照国标严格控制气瓶压力及充氧压力，实验过程中做到及时观察，通过多组试验探究，建议充氧 20s 左右为最佳充氧时间，且为保证平行样之间重复性较好，平行样之间充氧时间应基本相同（4）正确安装点火丝与计算点火热，，点火丝插入煤样深度为 0-2mm 最为适宜，此外，在安装点火丝时还需注意以下事项：①每次装点火丝前，应将残留在电极杆上和压环内的点火丝或其他异物清理干净。点火丝应折成 U 型，不要让点火丝打结；②

点火丝的两端应分别接到氧弹的两电极杆上并用压环压紧，点火丝不得与坩埚接触，以免与坩埚形成短路导致点火失败，也不能用压环将其压断；③每次测定时，应将准确称量的 10ml 蒸馏水装入弹筒内。正常情况下，氧弹内加入的蒸馏水越多，吸收的热量就越多，测试结果就会偏低。同时，不可忽略点火热的计算。

通过以上试验方法的改进，使得测定的实验数据更加准确，有效的保障电厂的安全生产与经济运行。

3. 技能人才的多元化管理

技术监督，重点在人，为了员工的技术监督能力、创新能力及学习积极性，营造良好的学习氛围，对技能人才进行多元化管理，通过多种方式及渠道加速推动员工成长成才。

3.1 以"传帮带"为抓手助力青年员工成长

近年来班组补充了部分青年员工加入日常工作，为了让青年员工更好的掌握技术监督知识，在工作中严格按照技术监督标准来工作，班组制定以"传帮带"为着力点的员工培训制度，通过以老带新模式开展，每周定期组织老师傅对青年员工的理论培训与实操指导，遇到疑难问题员工之间进行交流。通过举办青年员工大讲堂，倒逼全员学习技术监督，掌握技术监督内容。通过此种培训方式，青年员工已经全部能够熟练上岗操作并在理论知识上有了显著的提高，老员工在专业领域方面达到了"温故而知新"的效果。

3.2 加强对外交流，取人之长补己之短

在日常工作中，时常会遇到疑难问题，为达到能够更快的解决仪器设备故障、寻求最佳实验方法、优化实验流程、使实验数据更加精确、吸收更多优良经验等效果，化试班会定期组织化验员前往其他电厂进行取经学习。如前往浙能长兴电厂进行实验方法交流，前往杨柳青电厂吸取先进管理经验，前往台州电厂进行标准操作交流等，化验人员还时常会通过电子

通讯设备与厂家及专家们进行专业答疑与技能讨教。

3.3 重视专业培训，组织开展多样化竞赛

除了化验人员必备的技术监督培训、取证培训外，班组还实行"每月一小考，每季度一大考"的制度，每月开展月度考试，每季度进行一次技能比武，并设置奖惩制度，使班组形成了浓厚的学习气氛。频繁的考试注定是枯燥乏味的，为调动化验员的积极性，提高大家的学习效果，班组会不定时开展班内小课堂，化验员们轮换当老师，传授专业小知识，通过此种方式，激励大家养成勤学习多思考的习惯，并达到知识共享的效果，对培养全能、标准化验员打下良好基石。化试班以多种形式举办技能竞赛，其中趣味竞赛员工之间互为裁判，通过互相找"茬"的方式取长补短，营造了浓厚的"比、学、赶、超、帮"氛围，真正达到了以赛促学、以赛促练的效果。

在班组长期完善的培训管理与大力支持下，2022年，班组两人分别荣获华能集团燃料化验（检测）员一等奖和三等奖，三人分别荣获浙江省燃料化验（检测）员二等奖和优胜奖，在专业领域取得了新的突破。

4. 燃煤化验室的精细化管理

煤质化验室是火电厂的重要基地，也是技术监督的重要载体，故需进行精细化管理，设立完善的煤化验室管理制度。所有化验工作必须由两个以上化验员合理分工后同时进行操作，并相互进行分析监督，化验人员在实验过程中严格遵守实验操作规程，如严格控制量热仪室温湿度，对设备进行定期检查与维护，并设立严格的奖惩制度。每个实验室均装有监控设备，严禁无关人员进入煤化验基地，进入需双人指纹解锁，进出煤化验室，需严格执行登记制度。实验室相关台帐应设立齐全，有专人记录定期查看。设立存样间，将分析样及时存入存样间，存样室设门禁系统，进入需双人指纹解锁。

5. 取得成效

煤质技术监督是在成本控制管理中对企业经济效益重要的体现。华东某电厂对燃料全过程监督系统进行完善，对精密仪器管理、标准物质、仪器检定、日常质量监控、化验次数、抽查校核、化验过程审核等燃煤化验管理工作做了创新，提高了检测质量指标；化验数据自动生成上线，无人工干预，数据准确可靠，完全排除人为因素，保证了企业经济效益，因此连续多年荣获华能集团公司"燃料标杆电厂"称号，并于2022年荣获"电力行业标杆化验室"称号。配煤掺烧从"低卡战略"向"元素战略"转变，通过"高低配"采购组合控煤价，实验室采取多手段进行精准化验，间接为配煤掺烧提供可靠性依据，2022年电厂共节约采购资金5000万元，大大提高了企业的经济效益和环保水平。在完善及具有创新性的人才培养机制下，化验员综合能力显著提高，专业技能水平显著提升，保持报告数据"零失误"的骄人成绩，推动了化学专业的发展。

6. 结语

煤质监督管理是化学监督管理的重中之重，与企业的经济效益密切联系。华东某电厂化验室从燃料管理系统、煤质化验方法、技能人才管理，化验室管理等方面对煤质监督进行创新性管理，使得燃煤化验数据更加准确、化验室管理更加规范、人员技能显著提高，有效的保障电厂的安全生产与经济运行，值得推广。

县级供电企业数智化配电运检全业务
核心班组建设

李克民　　徐峰　　贾钘楠

摘要： 为深入贯彻国网公司战略目标和"一体四翼"发展布局，加快现代设备管理体系建设落地，培养高素质技能人才队伍，做实做强做优基层班组，夯实公司高质量发展基础，实现配电专业业务、管理、技术上的"三个转变"。国网浙江省电力有限公司安吉县供电公司（以下简称"安吉公司"）积极探索以"数智赋能，固本强基"为目标的县级供电企业数智化配电运检全业务核心班组建设管理新模式，重点围绕"新老四项等核心业务固本强基 ＋ 数字化管理模式赋能增益"，不断推进配电运检班组核心业务专业水平和管理模式的转型。

关键词： 全业务核心班组　数智赋能　管理转型

1. 数智化配电运检全业务核心班组建设背景

1.1 国家电网公司基层班组建设整体部署和客观要求

根据《国家电网有限公司关于加强设备运检全业务核心班组建设的指导意见》（国家电网设备〔2021〕554 号）文件要求，电力系统需全面加强设备运检全业务核心班组建设，提升核心业务自主实施能力，推动技改大修自主实施范围，严格规范外包业务管控，优化人员装备配置，完善人员激励机制，结合数字化班组建设成效，提升基层班组建设质效，激发班组活力，培养"拉得出、顶得上、干得了"的技能人才队伍，具备处理"急、难、险、重"工作能力。

1.2 当前配电运检班组提升技术和管理水平的迫切需要

在基层供电所普遍存在以下现象：配电运检班组一是要直面用户、二是要直面设备，往往是处在设备运维管理、用户业务咨询，设备故障抢修的最一线，却苦于没有足够智能化、数字化的设备和管理方式，往往造成人力、物资、抢修时间、供电服务质量的极大损失；同时班组内部普遍存在老龄化、新老技术断层情况，配电自动化设备（DTU、FTU）运维、电气试验、电缆及附件安装、立杆架线等核心运维检修业务无法承接。

安吉公司之所以要建设以"数智赋能，固本强基"为目标的配电运检全业务核心班组，一方面是要让大家相信智能化的设备和数字化管理的方式是我们电网企业新的两大法宝，是我们一线配电运检班组重要的生产力；另一方面是要坚持实事求是，围绕班组基础运维、"新老四项"等核心业务，分析班组工作的难点、痛点，引导班组人员深度参与全业务核心班组建设，不断提升公司核心业务自主实施能力。

2. 数智化配电运检全业务核心班组建设特色举措

2.1 坚持党建引领，营造比学赶超氛围

实施"党建＋核心业务"工程，充分发挥基层党组织的引领作用，创建党员责任区、示范岗，鼓励党员认领"急难险重"任务，党员骨干带头强业务、练技术、提能力，带动基层班组形成"比技能、促学习"的良好氛围，建立党员保安全、保质量标准化管理制度，确保建设任务安全高效完成。一是建立健全与配电运检全业务核心班组建设相适应的绩效考核和奖惩机制，以正向激励为导向；二是对国网公司建设方向、部署及省公司工作精神及时进行宣贯培训，通过身边的可推广、可实践的成果拉近全员皆可为的距离感，提高人员参与度。

2.2 拓展"新四项"技能应用，推进精益化运维

安吉公司积极拓展无人机、自动化、带电检测、移动终端应用等"新四项"技能应用，一是配置贯通内外网的红外测温仪、局放检测仪等仪器，解决繁琐的数据导入导出等问题，提升工作效率，实现作业过程痕迹化管理。二是配置中压电缆震荡波测试系统、串联谐振高压试验设备等设备，让基层运检班组初步掌握技术监督技能；三是提高智能设备覆盖面，配置无人机、移动巡检终端，探索应用智能化装备辅助开展线路检修消缺。

安吉公司通过内部培训、网络授课和跟班实习，逐步开展配电自动化建设自主施工、调试，实现"集体企业＋厂家包揽"向"设备主人自己干"转型，由核心班组独立实施 DTU 三遥联调等工作，助力新型电力系统建设提速。同时对配电自动化终端终端 DTU 运维工作开展 5 个维度的提升，有效避免凝露产生，装置误动、拒动，实现专业封堵、防小动物等功能，大幅提升设备运行稳定性与可靠性。

2.3 深化"老四项"技能提升，推进核心业务回归

安吉公司不断深化立杆、架线、拼柜、电缆头制作等"老四项"技能提升工作，一是通过人员合理调配、转岗、高校毕业生、退役军人优先向缺员核心班组分配，全公司"一盘棋"统筹开展人员联动；二是建立不同班组、不同单位、不同电压等级的人员联动机制，根据工程量动态调整作业人员数量；三是开展电缆中间接头、终端制作、绝缘试验、耐压试验等技能培训和人员取证；多措并举确保供电所核心业务"自己干"、"干得精"。积极组织 2023 年配网核心业务人人过关考核，利用人人过关考核、专项培训等方式，持续提升配网运维人员管理水平、业务能力、技能种类，全方位提升配网设备主人专业水平，进一步增强配电专业管理软实力，推动全业务核心班组建设走深走实，带动人才技能全面提升。

2.4 聚焦人才培养，为职工的全面发展按下"快捷键"

安吉公司将核心班组建设与青年成长紧密结合，聚焦班组人才培养，以自主实施为抓手，全面推进生产技改、大修业务自己干，不断发挥青年

员工积极性，保证技改大修质量，增强一线技能水平，实现配网设备精益化管理和人才培养双提升，高质量助推新时代生产技能人才队伍建设。

在技能培训方面，通过内部培训、网络授课和跟班实习，逐步开展配电自动化建设自主施工、调试，实现"集体企业＋厂家包揽"向"设备主人自己干"转型，由核心班组独立实施DTU三遥联调等工作，助力新型电力系统建设提速。乘风破浪、技绩共振，在绩效激励方面持续完善核心业务回归激励机制，在一线班组推行薪酬激励机制，综合员工业务能力、技能等级、个人贡献等因素，合理拉开收入差距，为职工的全面发展按下"快捷键"。

2.5 打造"2+2"四位一体的数字化管理体系

安吉公司配电运检全业务核心班组明确管理制度，实施精细化管理，全面推广钉钉业务应用，对内建立钉钉加监控值班员"1+1"管控机制，对外建立微信加抢修"1+1"服务机制，实现"工作在线""服务在线"两个在线。按照终端整合、业务减环、员工减负、管理提升原则，建立"一制度、一标准、一体系"管理构架，统一仪器仪表功能要求和数据传输技术标准，最终形成一人一终端一APP现场业务模式，达到"业务在线化、作业移动化、信息透明化、支撑智能化"应用标准。

2.6 深挖大数据应用潜力，助力设备精准管控

通过深挖不停电检测及配网设备大数据，安吉公司构建了不停电检测开展情况动态分析的数据模型，通过不停电检测开展必要性指数，一是为基层供电所管理层及运维检修部提供直观的配网设备健康状况展示，二是生成不停电检测优先级清单，指导基层供电所配电运维力量分配及管理工作，切实掌握设备发生故障之前的异常征兆与劣化信息，争取在事前采取针对性措施控制，防止故障发生，从而减少故障停运时间与停运损失，并进一步指导优化配电网运维、检修工作。

3. 结论

近两年，安吉公司围绕全业务核心班组建设目标，进一步夯实人才队伍建设，助力青年成长，通过"新老四项"技能提升和普及应用移动作业终端，推动一线配电运检人员由"单方面特长"向"配电运检多面手"转变；借助数字化技术推进企业数字化转型，切实激发基层活力，变革班组工作方式，实现班组减负、提质增效、全业务核心能力全面回归。

安吉公司以"数智赋能，固本强基"为目标的县级供电企业数智化配电运检全业务核心班组建设管理经验不仅提出了数字赋能基层班组核心业务的解决方案，还形成了一套独有的可复制、可推广的配电运检全业务核心班组建设模式，为建设能源互联网企业提供了"安吉样本"。

参考文献：

[1] 覃林萍. 数字化班组建设初探 [J]. 北京：数字化用户，2019（第35 期）:118.

"四维三色"青年成长成才服务工作的探索与实践

王月丹　　陈欢

摘要: 随着能源安全新战略的提出,青年人才培养已经成为电力企业管理的重要组成部分,特别是青年人才队伍的建设,直接关系到企业能否形成并保持核心竞争力。为青年员工提供规划职业资源,长电公司团委研究和创建了"四维三色"青年成长成才服务机制并加以实施,借助三色提醒看板,树立先进典型,提供优化"跑改"红利,为公司人才强企贡献力量。

关键词: 四维三色　青年成长　职业规划

1. 课题背景

长电公司青年员工具备教育背景良好、理论知识丰富、自身求知欲旺盛、成才意识强烈等自身优势,但仍存在对职业生涯规划不清、对岗位晋升的认知不够的欠缺,只需加以正确引导便能发挥其主观能动性。为此,公司团委一直致力于完善团内成才服务机制,积极发挥团组织的教育引导作用,探索研究搭建青年员工成长成才平台,引导他们立足岗位、对标先进,实现自我价值。

2. "四维三色"的提出

在公司党委的指引下，长电公司团委以建党一百周年为契机，以学党史、强团建、助发展、促成长为重点，制定了《浙江浙能长兴发电有限公司青年成长引导手册》，搭建了"四维三色"成长平台，运用现代人力资源开发理念和方法，帮助青年员工充分发挥主观能动作用，即利用青年员工关注个人事业发展和自身价值体现的特性，充分挖掘自身潜质，准确定位，制定科学合理的职业规划，实施有效可行的分解措施，立足本职、脚踏实地、攻克难关，最终实现职业目标。

3. "四维三色"具体内涵

以现有岗位体系为基础、以能力提升为导向，着手打造"时间＋岗位＋职称＋评优"四维格局，搭建"红＋黄＋蓝"三色提醒平台，采取"以点带面"引导方式，推行"一件事"办事指南服务资源，引导青年员工形成职业生涯规划的观念和行为，形成一套公司党委重视，职能部门支持，青年员工积极参与的实用新型机制，增强青年职业发展的方向感和目标性，指导团员青年对标先进制定包括年度政治学习、技术技能提升、业务素质拓展等各类计划在内的职业生涯导航计划，使青年个人职业规划与企业人才发展规划方向保持高度一致，同时激励青年员工志存高远、脚踏实地，有计划、有节奏地达成工作目标。

3.1 "三色"看板直观提醒

"四维三色"旨在结合公司职称评定、评优评先、岗位晋升等在时间维度上设定职业生涯目标，形成一套由青年员工自我设定的职业生涯规划导航图。青年员工可以自我分析认识，结合岗位特征选择合适的职业生涯通道，在不同时间节点上设立短期和长期的职业目标，并制定符合自身能力的职业生涯策略。

公司团委为帮助青年员工绘制职业生涯规划图，利用 Excel 办公软件的条件格式功能、结合其强大的函数计算能力，自主研发了一款简单的

"四维"看板。青年员工为自己职业生涯设定各个阶段的岗位目标、职称目标、获优获先目标，通过制定计划措施，从而形成详细的计划清单，然后将每个计划工作分解到"年、月、日"的时间坐标轴上，并通过"红、黄、蓝"三种颜色起到"三色"提醒作用，自我敦促目标措施的落实。

超时完成	当前已完成，但实际完成时间超过了计划完成时间
已经超时了！	当前未完成，且当前时间已经超过了计划完成时间
抓紧了	当前未完成，且当前时间距计划完成时间已经少于3天了
今天要做的工作！！！	当天必须完成的（剩余天数为0）
	无任务或者当前时间距离完成时间5天以上不显示任何内容。

图 1 三色看板显示

"四维三色"提醒看板的原理：设定职业生涯短期或长期目标的"计划完成日期"、"实际完成日期"，通过 Excel 函数关于日期的自动计算能力，计算计划日期的剩余天数，从而在任务看板中起到自动提醒作用：如果逾期未完成的，则此项目标对应的单元格底色将变为黄色、字体颜色将会变成红色、剩余天数将变为负数，意味着青年员工短期内要尽快落实此项目标，以免影响后续目标的实现；如果某个目标已进入自己设定的时间维度警戒线内了，则此项目标对应的单元格底色将变为蓝色、字体颜色自动变为白色，提醒机会稍纵即逝；如果目标完成时间还在安全范围内，则对应单元格底色保持绿色，字体颜色保持黑色。如果目标已实现，则在"实际完成时间"单元格内填入完成时间后，则该条目标的底色自动变为灰色，在任务看板中消失。相应的目标措施分解表原理同上。

	待办工作看板	剩余天数	工作类型	链接
1	参加党小组会议	-8	定期工作	进入
2	完成学习安规并熟悉掌握1	-2	目标措施	进入
3	熟悉掌握汽机系统图1	-1	目标措施	进入
4	汽机操作票学习并学握1	0	目标措施	进入
5	参加本月学习班	2	临时工作	进入
6	参加党支部党员大会	5	临时工作	进入
7	每月读一本书	10	定期工作	进入
8	学习周计划	10	目标措施	进入
9	升岗考试	14	目标措施	进入

图 2 三色看板直观提醒工作内容

3.2 "以点带面"标杆引领

长电公司向来注重发挥先进典型在公司中心工作推动中的"助推器"作用，将培育先进典型作为推进青年员工高速度、高质量成长的重要抓手，以点带面、以面带全，让青年人才队伍的内生动力竞相迸发、活力源泉充分涌流。

公司团委为帮助青年员工职业生涯道路树立标杆，推动"青导师"签约制、"青讲堂"学习制、"青年说"引领制，为青年员工授业解惑的同时，将青年骨干的专业尽职、无私奉献、吃苦耐劳、刻苦钻研的长电"青"精神传递至每位青年员工。除此之外，团委还在"四维三色"平台上列出了三名长电公司优秀的青年骨干代表，在他们的履历介绍、职业规划、成才计划的落实及对青年职业成长建议等四个方面树立关键典型，通过亟待成长的青年员工的广泛学习及口口相传，起到"以点带面"的示范引领作用，赓续长电"青"精神。

3.3 "一件事"助办事不难不慢不繁

"一件事"是以推进公司综合科室整体智治为根本任务，从职工实际需求出发，围绕询问至办结的"全生命周期"并通过标准化手段，不断满足职工的个性化、多元化的办事需求，简化办事流程，精简办事程序，推动网上、线上审批，节省职工办事时间，提高办事效率，建立全覆盖、全方位的服务体系，进一步提升综合科室的运行效能，着力打通办事"最后一公里"。

"一件事"清册中，涵盖了与青年员工息息相关的职称评定、入党推优、生产管理及生活诉求等方面办事指南，对各办事流程进行了梳理和高度概括，可以帮助青年员工在职业规划的道路上善于运用，强化职业技能、提高办事效率，让办事"不难不慢不繁"。

4. "四维三色"在"点运维"培训工作中的运用实践

燃机项目部面临当前能源结构改革的深刻影响，燃机本年度前 9 个月发电量突破 15 亿千瓦时，且机组启停消缺时间紧、任务重、难度增大。

为进一步发挥团组织服务公司中心工作的积极作用，助力公司青年人才队伍建设，发挥先进典型的示范带动作用，公司团委推动"四维三色"成长平台与燃机项目部的"点运维"一体化培训项目深度融合，为燃机项目部的引导培训提供"四维三色"提醒看板，打造先进对标对象，为与该部门紧密相关的业务流程提供"跑改"红利，为其构建天然气联合循环运维人才队伍提供支持。

4.1 找准问题、精准发力，确保三色平台发挥实用

因岗位间的交叉培训，运行人员因机组启停的不确定性无法实现完全脱产培训，检修人员在进入运行倒班初期对升岗考试、学习任务的安排还有所迷茫，而如何规划零散时间有效完成目标计划，是培训对象面临的最大难题。

团委除了为项目部推荐合适的培训对象外，还为培训项目提供"四维三色"平台，提供具有直观任务提醒功能的三色提醒看板，给与培训对象详细的使用说明，针对初期培训内容帮助制定个性化看板，指导使用。同时以燃机项目部先进青年为标杆，对标其职业成长道路，为培训对象的看板定制提供宝贵意见，并请优秀青年追踪分析培训对象的阶段性培训结果，对培训目标的设定、方式措施的制定予以纠偏。

4.2 变色提醒、敦促落实，确保定期工作有条不紊

"不积跬步，无以至千里，每一条分解记录的完成都代表着通向终点的坚定步伐；不积小流，无以成江海，每一个计划目标的落实都汇聚成最后的成果。自从使用看板以来，查看待办工作任务已成为我的日常习惯，即将变色的倒计时数字时刻督促着我保持前进的脚步。当工作任务完成后从看板中消失，无疑是对工作满足感的最好诠释，不知不觉中，工作的效率也在日渐提升。"培训对象陈某在使用三色看板后感叹道。

	A	B	C	D	E	F	G
1		待办工作看板	剩余天数	工作类别	链接		临时工作记录
2	1	月度培训小结	-3	定期工作	进入		
3	2	集控代班	0	临时工作	进入		
4	3	体检	6	临时工作	进入		
5	4	技术比武适应训练	6	临时工作	进入		
6	5	参加学习班	10	临时工作	进入		
7	6	月度技术问答	14	定期工作	进入		
8	7	参加萧山电厂技术比武	15	临时工作	进入		
9	8	熟知各类调节型电动执行器的铭牌中各参数的含义	20	目标措施	进入		
10	9	月度培训小结	28	定期工作	进入		
11	10	月度技术问答	45	定期工作	进入		
12	11	基本了解就地设备与DCS间的信号交换类型及控制方式	50	目标措施	进入		
13	12	月度培训小结	58	定期工作	进入		
14	13	月度技术问答	75	定期工作	进入		

图 3 三色看板在点运维培训计划中的运用

在运行上，定期工作的执行是设备运行可靠性的有力保障，机组启动的高成功率与之密不可分。而在以陈某为例的点运维培训中，从仪控专业每周的设备巡检，到月度的技术问答、培训小结等定期工作，通过时间轴上的合理分配，以及剩余天数的直观颜色提醒，可以有效避免到截止日期前的任务扎堆，每项工作的质量得以有效保证。

4.3 轻松一记、提上日程，确保临时工作不被遗漏

"相对于定期工作，临时工作板块更像是量身定制。"陈某如是说。燃机运维作为长电公司的外包承接项目，运维人员除了完成日常运维工作外，还要积极配合完成上海电力公司的各项检查验收，也是提升长电公司品牌形象的重要工作。除各类评比迎检外，质量知识竞赛、安规抽考、运行理论统考等各种临时性培训计划也是接踵而至，加上公司及部门的岗位本职的定期，会让培训对象在培训初期显得措手不及、工作计划杂乱无序。

通过在看板的临时性工作模块中及时记录，根据时间节点对临时工作进行有效梳理，在定期工作的提醒中穿插提醒临时性工作，按目标完成日期自动辨别先后顺序，有助于推动节点运维培训全过程的各项任务的有效实施，帮助培训对象不错过期间的每一次成长机会，全面提升综合能力。

表 1 措施分解表

措施分解表

目标序号	目标内容	目标填写时间	目标开始日期	目标结束日期	措施序号	措施内容	完成周期	措施计划开始日期	措施计划结束日期	措施实际完成时间
1	熟悉和掌握工器具、量具的正确使用方法及注意事项	2022/1/25	2022/2/1	2022/2/28	1	了解发电厂生产过程（包括机务、电气、控制基础知识）	跨周	2022/2/1	2022/2/7	2022/2/7
1	熟悉和掌握工器具、量具的正确使用方法及注意事项	2022/1/25	2022/2/1	2022/2/28	2	学习发电安全知识	跨周	2022/2/8	2022/2/15	2022/2/15
1	熟悉和掌握工器具、量具的正确使用方法及注意事项	2022/1/25	2022/2/1	2022/2/28	3	学习工器具、量具的正确使用方法及注意事项	跨周	2022/2/16	2022/2/28	2022/2/28
2	熟悉和掌握220V低压系统电源回路和电源控制回路	2022/1/25	2022/3/1	2022/3/31	1	学习热工基础知识	跨周	2022/3/1	2022/3/7	2022/3/7
2	熟悉和掌握220V低压系统电源回路和电源控制回路	2022/1/25	2022/3/1	2022/3/31	2	学习仪控设备检修基础知识	跨周	2022/3/8	2022/3/15	2022/3/15
2	熟悉和掌握220V低压系统电源回路和电源控制回路	2022/1/25	2022/3/1	2022/3/31	3	熟悉掌握220V低压系统电源回路和电源控制回路	跨周	2022/3/16	2022/3/31	2022/3/31
3	熟悉和掌握化学仪表原理、结构、拆装及检修工艺、试验和质量	2022/1/25	2022/4/1	2022/4/30	1	熟悉掌握化学仪表的定期校验、维护工作	跨月	2022/4/1	2022/4/30	2022/4/30
4	熟悉和掌握CEMS系统原理、结构、拆装及检修工艺、试	2022/1/25	2022/5/1	2022/5/31	1	熟悉掌握CEMS系统的定期校准、维护、维护原理	跨周	2022/5/1	2022/5/31	2022/5/31
5	类调节型气动执行器的控制和原理、结构、拆装及检修工艺、试	2022/1/25	2022/6/1	2022/7/31	1	熟知各类调节气动执行器的控制和原理	跨周	2022/6/1	2022/6/7	2022/6/7
5	类调节型气动执行器的控制和原理、结构、拆装及检修工艺、试	2022/1/25	2022/6/1	2022/7/31	2	熟知各类调节气动执行器的控制的结构	跨周	2022/6/8	2022/6/15	2022/6/15
5	类调节型气动执行器的控制和原理、结构、拆装及检修工艺、试	2022/1/25	2022/6/1	2022/7/31	3	熟悉各类调节气动执行器定位器的更换、调试方法	跨周	2022/6/16	2022/6/23	2022/6/23
5	类调节型气动执行器的控制和原理、结构、拆装及检修工艺、试	2022/1/25	2022/6/1	2022/7/31	4	熟悉各类调节气动执行器的限位开关的更换与调整方法	跨周	2022/6/23	2022/6/30	2022/6/30
5	类调节型气动执行器的控制和原理、结构、拆装及检修工艺、试	2022/1/25	2022/6/1	2022/7/31	5	熟悉各类调节气动执行器的进气部件的更换与调整方法	跨周	2022/7/1	2022/7/31	2022/7/31
5	类调节型气动执行器的控制和原理、结构、拆装及检修工艺、试	2022/1/25	2022/6/1	2022/7/31	6	熟知各类调节气动执行器的控制的结构	跨周	2022/8/1	2022/8/7	2022/8/7
6	类调节型电动执行器的控制和原理、结构、拆装及检修工艺、试	2022/1/25	2022/8/1	2022/10/31	1	熟知各类调节电动执行器的控制和原理	跨周	2022/8/1	2022/8/15	2022/8/15
6	类调节型电动执行器的控制和原理、结构、拆装及检修工艺、试	2022/1/25	2022/8/1	2022/10/31	2	熟知各类调节电动执行器的控制的结构	跨周	2022/8/16	2022/8/23	2022/8/23
6	类调节型电动执行器的控制和原理、结构、拆装及检修工艺、试	2022/1/25	2022/8/1	2022/10/31	3	熟练掌握各类调节型电动执行器的限位、力矩调整方法	跨周	2022/8/24	2022/8/31	2022/8/31
6	类调节型电动执行器的控制和原理、结构、拆装及检修工艺、试	2022/1/25	2022/8/1	2022/10/31	4	熟练掌握各类调节型电动执行器的调试方法	跨月	2022/9/1	2022/9/30	2022/9/30
6	类调节型电动执行器的控制和原理、结构、拆装及检修工艺、试	2022/1/25	2022/8/1	2022/10/31	5	熟练掌握各类调节型电动执行器的维护方法	跨月	2022/9/1	2022/9/30	2022/9/30
6	类调节型电动执行器的控制和原理、结构、拆装及检修工艺、试	2022/1/25	2022/8/1	2022/10/31	6	熟练掌握各类调节型电动执行器的机械、电气元件更换方法	跨月	2022/9/1	2022/9/30	2022/9/30
6	类调节型电动执行器的控制和原理、结构、拆装及检修工艺、试	2022/1/25	2022/8/1	2022/10/31	7	熟悉掌握各类调节型电动执行器的铭牌中各参数的含义	跨月	2022/10/1	2022/10/31	2022/10/31
7	基本了解就地设备与DCS间的信号交换类型及控制方式	2022/1/25	2022/11/1	2022/11/30	1	基本了解就地设备与DCS间的信号交换类型及控制方式	跨月	2022/11/1	2022/11/30	

5. 结束语

当前，传统燃煤发电企业正处于转型发展的关键时期，长电团委会坚持把助力中心工作、竭诚服务青年作为全部工作的出发点和落脚点，不断增强服务意识，强化服务功能，丰富服务手段，紧紧围绕集团"4568"一流发展战略打造服务青年新体系，助推长电公司青年成长成才。

基于知识密集型班组的"一网四化"创新管理

冯伯瑾　程辉　沈向忠

摘要：随着智慧电厂技术的迅速发展，作为电厂电气设备检修的主要力量，检修班组愈发趋向于知识密集型。华东某电厂不断探索基于三维价值网、学习常态化、作业精细化、队伍精干化、减负精心化的"一网四化"班组管理模式，形成了班组"生命体"循环的新常态，促进员工队伍向一专多能、高效协同队伍转变，推动班组向安全高效、数字智能型组织转变，有效夯实了企业基层基础管理，为企业转型创新提供坚强保障。

关键词：一网四化　班组管理　检修

引言

习近平总书记在党的二十大报告中提出："完善人才战略布局，坚持各方面人才一起抓，建设规模宏大、结构合理、素质优良的人才队伍。"而当前检修班组由于其历来单一的检修职能，没有把班组提高到一个集安全生产、科技研发、人才培养、文化建设于一体的综合性队伍来建设和发展，使得人才建设没有完善的机制，也没有形成合理的人才梯队。基于此，在"智慧电厂"及"智能化检修"的大好契机下，检修班组必须进行必要的管理创新和技术创新，通过技术创新、工艺改良、自主研发等手段，推进电厂设备检修技术的发展，以实现班组朝着更强、更优、更全的方向不断突破，服务于智慧电厂建设，为地方社会经济可持续发展提供可靠的电力供应保障。

1. 打造联动机制，创建三维价值网

检修部针对检修工作愈发具有知识密集的特点，修订《班组建设责任管理体系》，实施"纵向管控实施、横向分工协作"知识密集型班组建设工作推进模式，通过班组联动、专业联动、上下联动，逐步构建员工、业务、企业三维价值网，实现三级价值创造最大化。

1.1 班组联动，挖掘员工价值需求

设立知识密集型班组建设联络员，通过问卷调研、深度访谈等方式调查员工价值需求，调研访谈对象涉及到各专业，深度访谈人员 38 人、定量研究回收有效样本 58 份。结合调研结果，把建立健全交流互学、精准帮扶、全面创新、减负增效四个机制，确定为增长班组员工价值的有效途径。

1.2 专业联动，激发班组价值创造

检修部玥确知识密集型班组建设坚持"统一协作、专业负责"的原则，要求各专业树立"管专业必须管班组"的思想。各专业以提高班组成员知识储备为着力点，提升设备安全水平为目标，积极联动探索检修班组数字化转型等试点，加以"奖金包"等奖励方式，大幅提升试点班组及员工在核心业务上的价值创造。

1.3 上下联动，全面实施价值评估

检修部通过搭建一个"争创树"平台，客观评价知识密集型班组及个人工作成效。班组层面以创建工人先锋号、青年文明号等活动为载体，员工层面以争创各层级技术能手、劳模、先进个人等为抓手，评先结果与绩效、职业通道挂钩。同时开展劳模先进事迹宣传活动，大力弘扬"三个不一样"，有效激发员工内生动力，从而为企业创造更大价值。

2. 强化交流互学机制，提升人才创新管理

不断学习是知识密集型班组的一个显著特征，检修部主要通过竞赛式学习、项目式学习、多载体学习等方式来提高知识密集型班组的业务技能和素质能力，使得各班组之间交流优秀管理经验，提升队伍工作成效。

2.1 竞赛式学习，树立班组作业标杆

一是扎实开展劳动竞赛及技术练兵比武竞赛，以赛促学，技能比武以来，部门涌现出了一批技术高超的基层专家和技术能手。二是坚持创建"质量信得过班组"，增强员工的质量意识、创新意识，规范活动的创建及展示流程，优化班组核心业务流程，共同推动企业全面深化卓越绩效管理工作持续高效开展。

2.2 项目式学习，提升班组作业水平

项目式学习所倡导的培育观念与未来企业对人才的需求具有高度的一致性，是提升员工核心素养的有效途径。一是扎实开展班组培训及岗位练兵。二是创新师带徒培养模式，按照检修项目、新上马项目等分类，坚持给新员工"开小灶"，大力提升班组员工整体作业水平。

2.3 多载体学习，巩固班组作业精度

面对安全生产设备更新换代加快、新设备层出不穷的形势，在搭建培训载体、创新培训方法上狠下功夫。一是新冠疫情期间，积极开展线上培训学习和线下自学。二是汇编《班组管理典型经验手册》，总结固化优秀作业经验，三是依托创新工作室、创新小组等载体，灵活采用理论学习、案例讨论、现场教学、技能研究等多种方式，让每位员工对现场设备情况心中有数。

3. 完善精准帮扶机制，实现作业精细化管理

知识密集型班组与普通班组最重要的区别就是作业的精细化程度。检

修部通过定期召开班组互查交流会议，梳理班组管理中存在的问题，一对一结精准帮扶，将作业工作标准化，推进基层班组的业务技能精湛化。

3.1 互查互纠，找班建弱点

定期开展班组互查互纠交流会议，围绕日常管理、教育培训、文化建设、创新创效、民主管理、关心关爱几方面的内容开展交叉互查活动，进一步激活企业细胞活力互助交流，稳步推进班组的日常管理水平，提升各班组作业水平。

3.2 结对帮扶，补技能短板

检修部深入查找管理短板，梳理班组管理困难，以班组需求和解决实际问题为导向，让优秀的班组与相对落后的班组结成帮扶对子，实现帮扶内容项目化、帮扶措施具体化、帮扶任务模板化、帮扶过程节点化，共同推进班组建设。

3.3 精准施策，提班建水平

一是完善健全班组建设制度。大力宣贯《班组建设管理责任体系》及《班组建设评价细则》，使班组管理工作制度化、科学化、规范化。二是推进班组作业工作标准化。加强岗位责任制建设，不断完善班组组织机构，设置实现现场作业标准化、程序化。三是计划性督查班组工作。以"价值驱动、结果导向"为原则，督导各班组开展班组建设工作季度自查，全面筑牢安全防线。

4. 推动全面创新机制，提高队伍精干化管理

知识密集型班组关键在人。检修部坚持以深化产业工人队伍建设改革为突破口，积极搭建平台充分激发员工创新活力。

4.1 构建员工创新平台，激发人才创新活力

一是推动"五小"技术创新活动。把"生产有准备，作业有程序，工

作有标准"的管理理念确立为班组创新工作的指导方向。二是持续加强创新工作室管理，以部门三个工作室为基础平台，着手打造"问题创意库"和"创新成果库"，助力新科技、新技术新理念的研发、转化。近两年时间内，检修部门获授权实用新型专利30余个。

4.2 创新班组作业模式，提升员工队伍素质

借助智能设备，打造"智能分析，穿透管控"的智能检修新模式，并在继电保护仿真分析、振动感知等方面开展试点，推动"大数据＋互联网＋移动终端"成为班组主要作业模式，从部门管理到基层班组作业，全方位进行数字化流程再造，逐步实现设备智能化、状态监测感知自动化、现场作业可视化。

5. 保障减负增效机制，狠抓安全精心化管理

让班组轻装上阵是打造知识密集型班组的重要环节，检修部以问题为导向，聚焦班组减负需求，从管理、科技、文化三方面入手，持续为基层班组松绑解压，让班组集中精力于设备检修。

5.1 实施管理减负，摸清需求出对策

一是摸清班组负担，制定减负措施。先后召开班组减负研讨会，收集减负需求，分类归纳分析确定部门内和公司内3类12条负担问题。二是梳理制度，优化流程。着力精简优化班组考核指标4项，从源头上为班组减负。部门内部全面推行视频、照片等电子文件记录，减少班组重复记录。

5.2 实施科技减负，降低风险保安全

针对现场条件及班组需求，明确以加强新技术、新方法应用为班组减负推进方向，以推动班组数字化转型为方针，确保设备、人身安全。一是推行移动安全管理平台，在检修现场通过视频旁站，实时监护的新模式。二是巡检数字化转型，通过巡检APP，实时进行巡检过程监督，减轻班组

工作量，确保设备安全稳定运行。

5.3 实施文化减负，凝心聚力抓安全

一是开展"金匠文化"下班组活动。对C修工作任务量较重班组，利用午休期间，送上"金匠文化"慰问。二是加大疫情防控、复工复产、抗疫保电等特殊时期慰问频次及先进典型宣传力度。2022年，共慰问党员、劳模、先进工作者、班组等80余人次，增强班组员工的荣誉感和归属感，提升员工的凝聚力和执行力。

6. 结语

该企业检修部基于知识密集型班组的特点，突出三维价值导向，通过思想引领、相互交流、创新引领，减负增效等方法，构建推行知识密集型班组"一网四化"建设，进一步提升班组安全建设、队伍建设、文化建设、环境建设、创新建设，将员工个人价值最大化激发，以班组建设工作成效服务生产经营等中心工作，切实保障企业提质增效的坚实基础，为企业高质量发展作出贡献，成果显著。

参考文献：

[1] 雷嗣义. 国内班组建设标准现状、问题及标准框架规划研究. 质量技术监督研究，2020, (5): 27 — 30

[2] 魏敏. 安全管理工具在班组安全建设中的应用. 能源研究与管理, 2020, (1): 18 — 20

[3] 周建荣. 基于过程安全的"三标"班组建设实践与探索 [J]. 安全、健康和环境, 2019, 19 (4): 56 — 58

统一安全生产管理平台在班组管理中的应用

侯涌　赵军　赵星彦

概要： 随着社会进步、科学技术的发展，在原来的传统班组管理的基础上，增加信息化的协助管理，班组建设能够朝着更加全面更加科学的方向发展。将班组建设进行信息统一化是将班组管理推向更加科学与规范的必经之路，这将使得企业的管理更加现代化。

关键词： 统一　安全生产　班组管理

1. 项目背景

电厂的管理核心是班组建设，电厂每日工作的基础是班组，电厂的班组好比是人体的细胞，所有的细胞组成了一个个的人体，只有细胞都能够有效的存活，才能够得到一个健康的人类。那么相同的只有电厂的每一个班组能够有条不紊地进行工作生产，企业才能正常的运转，才能充满生命力与活力，在社会竞争中保持长胜的姿态。

如何将班组管理好是一个企业所必须思考的命题，随着社会进步、科学技术的发展，在原来的传统班组管理的基础上，增加信息化的协助管理，班组建设能够朝着更加全面更加科学的方向发展。班组建设信息化是对企业生产中的所有工作进行信息化的管理，这些管理工作包括对生产中人员以及设备的管理，生产过程中对经济效益以及安全过程的监督，对生产质量的考核。通过对这些过程的信息化管理，能够有效的提高工作效率，减少人力管理的浪费，最优化的配置企业的各种资源，使得管理人员能够很快的得到所有班组的情况，班组也能与管理人员进行有效率的沟通与交流，管理人员制定的各项规章制度以及管理人员的命令在最快的时间传达到执行单位。

但是目前已建设的信息化系统存在一定弊端：集团安全生产管理方面业务信息化应用程度存在差异，各管理系统在不同的区域公司落地效果不一致；部分区域公司围绕安全生产管理业务方面存在自建的外围系统或多个小系统，并且各应用系统采用的开发技术不同；集团在安全生产管理上的基础数据不完整、不规范、缺乏标准，存在信息化碎片、孤岛现象，业务数据缺乏高效共享，目前系统缺少大数据、云计算等新技术手段。将班组建设进行信息统一化是将班组管理推向更加科学与规范的必经之路，这将使得企业的管理更加现代化。

2. 实施过程

集团公司以"四个融合""三个提升""两个应用""一个培养"为总体目标，满足基础单位安全、运行、检修方面的业务管理和集团三级管控的架构需求，进一步提高全集团安全生产管理规范化、标准化、精细化和智慧化水平，基于统一数字平台建设安全生产管理平台。

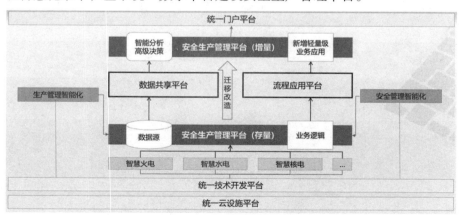

图 1 统一平台门户

统一安全生产管理平台采用与三级管理体系相适应的"集中 + 分布"部署方式。在电厂侧 / 基层单位做到完整的安全生产财务业务集成，在集团或区域公司使用统一管理标准、统一数据标准、统一基础管理、统一待办审批、统一权限管理、统一应急预案，做到统一安全生产管理。

该平台主要分为主数据管理、运行管理、检修管理、技术监督、安全管理等板块。

2.1 主数据管理

2020年8月21日，国务院国资委印发《关于加快推进国有企业数字化转型工作的通知》，就推动国有企业数字化转型做出全面部署，对数据治理体系提出具体要求。

构建数据治理体系。加快集团数据治理体系建设，明确数据治理归管理部门，加强数据标准化、元数据和主数据管理工作，定期评估数据治理能力成熟度。加强生产现场、服务过程等数据动态采集，建立覆盖全业务链条的数据采集、传输和汇聚体系。加快大数据平台建设，创新数据融合分析与共享交换机制。强化业务场景数据建模，深入挖掘数据价值，提升数据洞察能力。

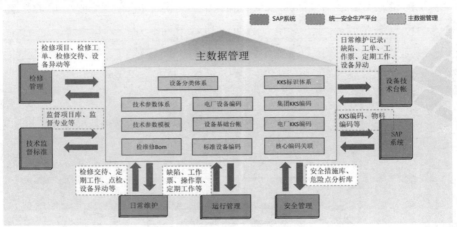

图2 主数据管理业务功能概括

数据是企业的重要资产，是企业数字化的基础和前提。在数字化转型的过程中，不仅要打通"数据孤岛"，还需要翻越数据质量和数据安全这两座"大山"，而数据治理就是连接大山的桥梁。据权威组织研究表明，电力工业中，54%的错误是由于不完整或者遗失标识所导致的。精确的基础资料是平台运行的基础，"三分技术，七分管理，十二分数据"，所以要在平台实施之初，就需要花大力气进行管理规范化和数据的收集整理工作。

2.2 运行管理

运行管理是保证设备及人员安全生产管理的重要工具，其目的是运行人员通过运行模块中所提供的两票管理、日常工作、记录、台账、报表、数据分析以及节能、绩效、移动等内容，在规范管理的同时提高工作效率及经济效益。

目的就是为使用者提供易用的、功能强大的安全生产管理工具，为管理人员提供有效的管理抓手，为决策者提供数据支撑。

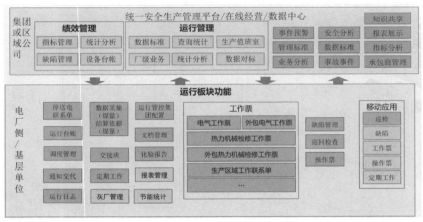

图 3 运行管理功能图

2.3 检修管理

2.3.1 日常维护管理

日常维护管理包含班组日志、领导通知、缺陷管理、两票管理、润滑管理、检修交待、点检管理、定期工作管理、设备定值管理、设备异动管理、检修申请、日常维护工单等模块，集成检修班组日常工作相关功能。

2.3.2 检修标准化管理

检修标准化管理包含修前准备、修中控制、修后总结，主要覆盖电厂计划检修全过程管理。

2.3.3 设备台账管理

在设备台账管理模块中形成标准化技术台账，做好台帐管理流程，建立、维护、移交与终结、检查与考核等环节规范化，利用信息化手段实现设备技术台帐标准化管理。

2.4 技术监督

建立覆盖电厂、区域公司和集团三级管理的技术监督工作平台，实现实时监督，建立高效、通畅、快速反应技术监督管理体系；建立以"设备"为核心的技术监督项目库，促进设备监督工作规范化、标准化、智能化管理；建立集团级技术监督指标主数据库，实现指标的对比分析，为设备状态大数据分析奠定基础；将设备监督项目与运行、维护、检修业务板块高度融合，实现监督标准的有效落地；实现监督计划、问题管理、督办管理、预警管理线上闭环管理；充分利用系统进行数据汇总，实现监督季报自动生成，减轻生产一线人员工作负担；实现监督过程中各类文档、资料自动存档、共享，方便及时调阅。

图 4 技术监督主要系统功能

2.5 安全管理

安全管理是实现 P–D–C–A 闭环管理的重要工具，通过平台来实现基础台账录入、信息共享，为安全人员开展安全管理工作提供有力抓手。核心业务包括检查与整改、安全检查、承包商管理、安全培训。

2.5.1 检查与整改

实现安全检查与整改及治理的全过程闭环管理，支持隐患全过程实时监控，分解并明确责任，包括隐患录入、隐患确认、隐患定性、下达整改计划及验收要求、申请验收、验收闭环等功能。

2.5.2 安全检查

安全检查按层次分为集团级、区域（产业）公司级、电厂级、部门级、专业级、班组级；按季节性分为：春检、秋检等；专项检查分为：脚手架检查、危化品检查等。

安全检查计划是有目的、有组织、有计划的检查与整改手段，系统内实现全过程管理，包括安全检查计划制定及审批，组织机构层次的下发、检查提纲形成检查行动项、计划执行、整改验收、检查总结等。

2.5.3 承包商管理

根据相关制度要求承包商在本系统中上传营业执照、资质证书、安全生产及其他许可证书、法人证书或法人委托书等资料；要求入场作业人员上传在有效期之内的安全资格、特种作业、特种设备作业、执业资格证、劳动合同、体检表、工伤保险、身份证信息等资料。

集成承包商人员入厂三级安全教育培训及考试，考试成绩信息化；工作票三种人考试，履行三种人审批程序，三种人名单进入工作票系统；人员出入手续；"三措两案"编制审批等功能。

做到承包商作业现场监督管理，实现两票三制监督，应急处置演练管理，人员动态管理，人员变动率统计。

2.5.4 安全培训

根据年度培训计划或需要组织的各种专题培训，如职业健康培训、危化品培训、特种作业人员培训、转职培训、每年常规性的培训：冬训、日常安规培训、技能培训等。由单位和各部门培训负责人建立培训计划，包括培训内容、人员、时间等信息。

根据培训、考核、选拔等要求编制试卷进行的在线或线下集中考试。包括：安规考试、安全知识考试、调岗考试等，方便快捷组卷、智能判分。

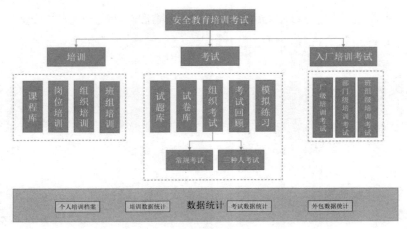

图 5 安全培训功能模块

3. 结语

统一安全生产管理平台，利用 5G、互联网＋、物联网、人工智能、大数据分析、云计算、等新技术，为企业安全生产管理搭建统一的管控平台，通过规范化、精细化、智能化的手段，使安全生产业务过程可视化、管理智慧化、服务智能化，为电厂构筑面向未来的竞争力，支撑起能源数字化的"高楼大厦"。

未来考虑将运行实时数据引入平台、将运行、检修、安全过程中的数据进行大数据分析，实现状态检修、精准检修。同时考虑 5G+ 定位融合组网融合，以及工业 WiFi 的渗透选型。

将新形势下国有企业纪检监督工作成效转化为企业治理效能的思考与实践

马克研　　王瑶　　施森校

摘要： 国有企业的高质量发展在促进社会全面进步中发挥着巨大的作用，这也对国有企业纪检监督工作如何更好地服务于企业提出了新的要求。本文以某国有电力基层企业为例，探讨如何围绕党的中心工作来履行纪检监督的职能，将新形势下国有企业纪检监督工作成效转化为企业治理效能，推动依法依规治企，实现高水平治理、高质量发展目标。

关键词： 纪检监督　企业治理效能

1. 纪检监督工作在国有企业高质量发展中的重要意义

国资央企是中国特色社会主义的重要物质基础和政治基础，是我们党执政兴国的重要支柱和依靠力量，国资央企发生腐败问题，就是在侵蚀党的执政根基。国有企业纪检工作在贯彻党的路线方针政策，维护党的章程和党纪国法，协助党的委员会加强党风廉政建设中发挥着重要作用、肩负着重要使命。国有企业的纪检监督工作，要以企业高质量发展为依托，发挥服务企业提升治理效能的作用，有力有效，有为有位，将纪检工作做到实处，保证企业高质量发展有一个良好健康的运行环境。

2. 国有企业纪检监督工作的现状和存在的问题

2.1 监督教育的效果还不够。从近年来中纪委通报、上级公司通报案件来看，国有企业从严管党治党还存在薄弱环节，清存量遏增量的工作持续开展，反映出开展教育不够深入、震慑力不强、效果还不理想。

2.2 纪检监督方法还不够多元。在纪检监督工作过程中，还存在因循守旧，采取传统监督方式，导致监督自觉性不够强、执纪问责不精准、调查处置不及时等问题不同程度地存在。

2.3 纪检监督队伍专业水平不足。企业内部监督效果很大程度上取决于监督人员的综合素质和业务水平，当前监督人员参加系统性、实践性培训的机会较少，存在专业知识贮备、能力不足的情况。

3. 以教育抓好源头治理，筑牢"首道防线"

有效开展教育，能让广大党员干部强化纪法意识，树立正确的人生观、价值观，通过教育受警醒、明底线、知敬畏，是纪检监督的重要举措。企业坚持党性党风党纪一起抓，分级分类开展党章党规党纪教育，从思想上固本培元，引导党员增强纪律规矩意识，促进党员干部特别是年轻干部提高党性觉悟，增强拒腐防变能力。加强正面引导与反面警示，既让全体党员学榜样做示范，又做到警钟长鸣，使铁的纪律内化于心、外化于行。

3.1 以案示警，筑牢廉洁自律思想防线。建立纪委书记周例会领学机制，每周选择违反中央八项规定及其他违纪违法案例作为周例会学习内容。组织重点领域关键岗位人员赴长湖监狱开展警示教育，引导干部职工揽镜自照、绷紧纪律之弦、筑牢自律之堤。结合身边党员干部酒驾醉驾违纪违法典型案例，教育引导广大党员干部增强纪法意识，强化警示教育作用，坚决遏制酒驾醉驾行为。结合企业公务加油卡违纪案件处分通报召开警示教育大会，把处分决定从"一张纸"变成"一堂课"深化以案示警。

3.2 坚定信念，培养造就企业可靠接班人。制定实施《长兴分公司加强年轻干部教育管理监督的方案》，落实"七个一"重点任务，教育引导年轻干部扣好廉洁从业"第一粒扣子"。以习近平总书记系列讲话精神、中央和上级公司有关精神、有关案例学习等为重点开办"线上课堂",并撰写学习心得。在重要节日关键点制作"廉洁书信",送"廉"到家,携手年轻干部家属做好家风教育和八小时外的管理,自觉守规矩、严家教。选派政治素质好、能力强、担当负责的年轻干部到上级公司纪检岗位挂职锻炼,增强廉洁从业的敏感性、自觉性和坚定性,促进年轻干部在实践中茁壮成长、脱颖而出。

3.3 打铁还需自身硬,深化纪检队伍教育培训。全体纪检人员参加上级公司党的二十大精神读书班,接受深刻的党性教育。认真落实纪检干部队伍教育整顿工作部署,编制实施教育整顿工作安排"两张表"。利用月度纪检例会、部门例会、主题党日等契机,常态化开展理论学习。加强纪检干部培训,参加国有企业纪检监察干部业务能力提升专题研修班并取得"高级企业纪检监察师"证书,参加杭州纪检监察培训中心举办的纪检监察信访举报业务培训班,不断提升业务能力。

4. 落实"三个必须",把监督有效融入企业治理体系

4.1 把监督有效融入企业治理体系,必须把政治监督作为根本遵循。对国有企业加强政治监督,必须旗帜鲜明讲政治,把政治监督作为根本性、方向性和基础性工作任务。该企业紧紧围绕贯彻落实习近平总书记重要讲话、重要指示批示精神、党中央和上级公司决策部署,围绕贯彻落实新发展理念、深化国企改革、科技创新、转型发展、提质增效、保电供热等任务,梳理政治监督重点任务,列出监督清单、建立政治监督台账,持续跟踪推动落实,实现政治监督具体化、常态化。

4.2 把监督有效融入企业治理体系,必须把全面融合作为基础前提。发挥监督治理效能,就是要发挥监督发现问题、防范风险、推动发展、促进治理的作用,在治理中发挥监督作用,在监督中提升治理效能。

4.2.1 以职能监督强化系统思维。树立"管理本身就包含监督"的理念,全面梳理各业务环节,制订实施《各部门职能监督责任清单》,各部门分工履行职能监督职责,对本部门履行职能监督情况找亮点、找问题、

定措施。纪委重点检查监督责任清单风险点全覆盖情况，实现各监督主体履职不缺位。纪委与业务部门间双向奔赴、同向而行，努力取得监督成效的最大化，提高企业的价值创造力。

4.2.2 以联席监督形成良性互动。完善贯通融合"大监督"格局，制定实施《构建"大监督"体系的实施方案》，成立组织机构，促进各类监督统筹衔接、协同发力，不断拓展大监督广度和深度，提升"大监督"效能。统筹协调各类监督力量，组织"大监督"成员部门定期召开联席会议，联合纪检、审计、财务、内控、人资、党建、督办等职能监督力量，围绕督办事项、党的建设、绩效分配、选人用人、内控管理、财务审核、纠"四风"树新风等重点，交流监督现状及发现的问题，对劳动纪律大整顿、内控治理等一些"棘手"问题开展"会诊"，提出意见和建议，对"大监督"发现问题实行清单化管理，跟踪监督推动落实，推动形成上下贯通、左右联动、内外互动常态常效的监督合力，进一步提升监督效能。

4.2.3 以专项监督深化管理成效。该企业纪委立足"再监督"职责定位，围绕重点领域，科学统筹年度专项监督计划，制定专项监督工作方案。持续跟踪燃料对标、灰库装船计量装置项目、氨区重大危险源综合治理等重点任务，编报重点任务监督月度跟踪表。纪委围绕提质增效、为群众办实事等持续加强监督，推动提高石膏品质、灰渣量平衡专项整治、优化电热副产品竞价销售管理、经济煤种分析研究、码头清淤煤泥回收、完善煤仓间值班室环境等工作。把握"督帮一体、管住管好"的思路，对监督发现在保密管理、现场装置性违章、防台防汛措施落实、网络安全等方面的问题早提醒、早处理。坚持问题导向，开展加油卡管理、燃料管理、工程结算管理、形式主义官僚主义等专项监督检查，下发纪检监督建议书、纪检工作提示函等。

4.3 把监督有效融入企业治理体系，必须把一体推进"三不"作为重要保障。伴随国有企业改革新旧体制转换的深入实施，只有把监督有效融入治理体系，通过精准监督、专项治理、系统施治、压茬推进的方式，彻底打通监督"最后一公里"，才能一体推进不敢腐、不能腐、不想腐，营造风清气正的良好政治生态。该企业纪委多举并举，协助党委一体推进"三不腐"。在企业内部开展以前年度酒驾醉驾自查自纠"回头看"，给予醉驾党员干部党内严重警告处分及经济处罚，酒驾职工群众给予相应行政处理和批评教育。推动以案促治，研究制订《职工处分实施细则》，有效填补制度空白，提升治理能力。推动以案促改，组织召开全厂警示教育大会，涉案人员现身说法，身边事教育身边人，促进广大党员干部职工筑牢思想防线。

5. 结语

奋进新征程、建功新时代。纪检监督工作责任重大、使命光荣。国有企业更要紧密团结在以习近平同志为核心的党中央周围，沿着党的二十大指引的方向，弘扬伟大建党精神，不松劲不停步，不断推进基层纪检监督工作高质量发展，坚定不移推动全面从严治党向纵深发展，为企业高质量发展提供坚强保障。

煤电企业青年人才培养实践探索

姜炳高　　胡佳为　　孙迪

概要： 传统煤电生产企业在转型发展的关键时期，做好青年人才的培养和储备，是企业的迫切战略任务。笔者通过大量的现场调查研究、专题座谈，分析了解了青年员工思想动态和需求，探索建立青年人才培养实践机制，全方位激发青年职工干事创业、岗位建功新活力。

关键词： 煤电转型　青年成才　培养实践

根据"十四五"期间电力企业发展战略目标，笔者所在煤电企业积极探索实践路径，把综合能源供应与服务、多样性耦合掺烧、光伏大规模开发、储能等作为企业未来发展的方向和重点，为企业转型谋篇布局。作为传统煤电生产企业，高素质的人才队伍是转型发展关键期的内生动力。其中，青年人才队伍作为企业中最具创造性、可塑性的力量，是企业未来发展的主力军、重要战略人才资源。怎样做好青年人才的培养和储备，为企业浇筑稳固的人才根基，成为摆在企业面前的迫切战略任务。

习近平总书记多次强调"调查研究是谋事之基，成事之道"，为准确"把诊问脉"，从分公司人力资源系统中调阅 35 周岁及以下青年员工的相关资料，设计调研问题，组织开展了数十场青年员工专题调研座谈会，全面了解企业内青年员工思想动态和培训需求，并从以下几方面着手"对症下药"，探索建立青年人才培养实践机制，全面激发青年职工干事创业、岗位建功新活力。

1. 加快青年员工队伍的成长成才

该企业始建于 1959 年，受历史原因影响，在现有人员岗位受上级公司编制定员限制，青年成长通道受阻因素影响下，多渠道、多形式推动青年员工加快成长成才步伐。进一步完善学习型岗位、岗位任职资格制度，试行青年员工成长成才积分制，适当补充调整青年员工在部分平均年龄偏大的部门占比，在大批量老员工退出企业前，通过"管培生""学习岗"等形式打破常规培养方式，不拘一格加快推进青年员工多方位迅速成长为企业各个专业领域的中坚力量，并形成常态化工作机制。

针对干部队伍年龄结构短板，拓宽思路，加大力度，以"公开、公平、公正、公认"为原则，着力在基层一线吃劲岗位和急难险重任务历练培养年青干部，把基层一线愿干事、能干事、干成事的优秀年轻员工发现、识别出来，加大优秀年轻干部人才选拔储备和培养力度，有效扩充干部人才队伍"蓄水池"。

2. 建立青年职业生涯规划指导机制

人资部、党建部、团委等相关职能部门定期开展对青年员工工作调研，了解、掌握青年员工工作或培训需求、思想动态。对由于工作环境或其他因素影响而产生的思想波动及时给予政策上和思想上的指导帮助，并针对青年员工个体特点有的放矢，助力其正向成长成才。

青年员工所在支部特别是各支部书记加强思想政治教育，建立青年员工谈心谈话机制。及时了解支部每一位青年员工的思想动态，围绕支部建设、创新创效、成长激励等方面与其交流思想，树立其主人翁意识，培养青年员工的工作责任感、使命感和成长成才的紧迫感，畅通支部与青年员工间的沟通渠道。

厂级领导干部以"一线班组工作日"为抓手，立足一线青年员工工作实际，以感情贴近青年，为青年员工分享经验、答疑解惑，以一线可见的领导手把手帮助基层班组青年员工明确人生目标和职业发展方向，做青年员工成长路上的"领路人"。

3. 灵活培训方式，提升培训实效

用"以干代训""以检代培"方式在岗位实践工作中开展培训，既解决生产现场实际问题又达到培训实效。充分利用各部门培训兼职联络员队伍，创新部门个性化培训方式，推行"化整为零培训法"，最大限度避免工学矛盾，切实提升学习成效。

运行部以值为单位，实行"小班化"精准培训，根据各值内人员特点，科学合理安排培训时间和培训内容，充分利用培训中心，从部门、培训中心角度，双管齐下，助力学习能力和水平的提升。检修部等其他生产部门青年员工培训采取不定点不定时方式，结合生产现场设备设施情况，随时随地开展青年员工技术攻关 PK 赛，直面现场问题，直接参与到现场设备缺陷的讨论、解决中去。生产体系青年员工实操技能的提高，以专业为单位进一步利用培训中心的现有培训资源和设施，加快理论和实操水平的双提升，实现知行合一。管理部门的青年员工利用行业内同类型各单位间的管理和指标对标，以及参与行业培训、网络 APP 课程等各类学习方式方法，利用碎片化时间实现业务素养强化提升，逐步成长为行业青年领军人才。

4. 丰富业余生活，提升凝聚力

在充分调研青年员工需求的基础上，结合青年员工特点丰富各工会协会组织，鼓励年轻人担任协会秘书长，举办适应年轻人特点的各类协会活动，通过组织协会活动进一步激发年轻人青春和活力，增强企业的向心力和凝聚力，

5. 加强党的建设，强化宣传引导

把将骨干培养为党员，将党员培养成骨干的思想宣贯到每一位青年员工，加强对优秀共产党、劳模先进的事迹宣传，以树立身边榜样言传身

教。建立青年员工思想政治教导团，为每一位青年员工确定党的引路人，定期开展思想教育，做好正面引导，形成学习先进、崇尚先进、争当先进的良好风气，弘扬正气、振奋精神、凝聚力量。

6. 实践成果

1. 干事创业热情明显提升。由专职党委副书记牵头，会同人资部、党建部等部门组织开展的数十场座谈会，涉及 14 个部门、18 个基层班组、125 名青年员工展开座谈。直面一线掌握和了解青年员工思想动态和培训需求，传递正面的信息和声音，为青年员工职业规划破解"成长的烦恼"。青年员工工作激情、创新意识明显提升，队伍活动显著增强。

2. 干部队伍结构得到优化。充分考虑干部年龄结构，大力加强年轻干部的培养使用，积极组织开展优秀年轻干部竞争性选拔工作，4 名 90 后青年骨干通过公开竞聘走上中层干部岗位，提前储备青年干部人才，优化干部队伍配置。

3. 专业人才队伍得到加强。有计划地选派 15 名优秀青年员工到上级单位、地方政府挂职借调，丰富青年员工工作经历，扩展视野搭建员工锻炼平台。73 名青年员工通过学习岗选拔、公开竞聘等方式实现岗位交流和晋升。其中，8 名优秀青年员工走上值长、见习值长、检修班长、专工等专业管理岗位。经评审认定，3 名青年员工被聘任为公司技术专家、9 名青年员工被聘任为技能能手、18 名青年员工聘任青年专家能手助理，青年员工学习钻研技术主动性、参与现场技术难题攻关、企业重点难点工作热情高涨。

4. 专业素养和创新能力得到显著增强。以年青人为代表申报专利 5 项、取得实用新型专利授权 4 项、受理发明专利 9 项，为完成企业年度创新绩效指标贡献了主要力量。QC 成果获省部级以上奖项 4 项，其中一项获亚洲质量改进与创新大赛一等奖，一项获央企 QC 小组成果发表赛一等奖。以年青人主笔撰写的 24 篇专业学术论文在省、市行业协会、学会发表获奖。在集团公司技能竞赛中，1 人获一等奖、工匠荣誉称号；1 人获三等奖、技术能手荣誉称号。

5. 党建＋团建焕发团青工作新活力。团委组织成立的白鹭创新联合中心举办"创新杯"大赛、"奋楫笃行 筑梦青春"等活动，打通壁垒，激发了团员青年奋发有为的青春力量，增强"跟党奋斗、强国有我"的信心决心。携手工会创办桌游协会等青年员工喜闻乐见的文娱活动，把更多"躺平""佛系"思想的青年人扶起来、站出来、动起来，以优良的精神传承、丰富的业余活动满足青年员工的精神文化需求，焕新青年员工精神风貌，进一步激发了青年职工干事创业、岗位建功的活力。

"青年强则国家强，当代中国青年生逢其时，施展才干的舞台无比广阔，实现梦想的前景无比光明。"在传统煤电企业二次创业的新征程上，要进一步以思想引领青年员工，用党的科学理论武装青年，用党的初心使命感召青年，积极为青年员工搭建平台，以一线基层班组培养锻炼作为成长成才的重要渠道，加大青年员工培训力度，确保电力事业薪火相传，展现新时代华能青年良好精神风貌，为开创企业高质量发展新局面贡献青春力量。

振动频谱在线监测系统在转动设备的实践应用

任磊　陈曙　邹东

摘要： 大型风机在基建过程中，振动传感器都预先布置在风机壳内，现场的线盒中并未预留数据缓冲接口，造成振动频谱数据采集及设备故障监测分析不准确。本文主要介绍对轴流风机测点进行改造以实现振动频谱在线监测以及应用。

关键词： 轴流风机　预防性检修　振动频谱在线分析　故障诊断

引言

在电厂的日常巡点检过程中，针对重要大型转机的状态监测，包括送风机、引风机、一次风机等设备，存在一定的监测局限性，在振动数据采集的过程中，故障频率信号采集不准确，造成设备故障的监测和分析不准确。

由于大型风机在基建过程中，振动传感器都预先布置在风机机壳内，线缆引出后振动数据传送至 DCS 中，现场的线盒中并未预留数据缓冲接口，造成大型风机的振动测试只能将传感器放置在机壳上测试，监测的数据不能反映设备真实运行状况，干扰测试人员的判断。

由于以上问题的存在，势必会造成大型风机在趋势化分析上的不准确性。因此，为了更好地利用精密仪器对设备振动进行监测，有必要对风机测点进行改造，以实现振动频谱的在线监测。

1. 设备介绍

1.1 送风机

长兴电厂660MW汽轮机组配置两台50%容量的单级动叶轴流可调式送风机，每台机组的两台风机并联运行，风机主轴承采用滚动轴承，其中非驱动轴承型号为NJ330，驱动轴承型号为NU330E7234，送风机额定功率1000KW，额定转速993r/min，叶轮叶片16片，由额定转速为993r/min的电机通过两个刚挠性半联轴器和一个中间轴相连接驱动。整个轴系如图所示：

1.2 振动传感器技术参数

表1 振动传感器技术参数

加速度传感器	振动变送器
参考灵敏度（±5%）：10.25 mV/m	测量范围
测量范围（峰值）：±50 g	加速度：0.1~200m/s2
频率范围（±1dB):0.5~9000Hz（±3dB):0.2~13,000　　　Hz	速度：0.1~200mm/s
供电电压（恒流源）：24~28Vdc	位移：0.001~2.000mm
工作电流：2~10（典型值4mA）mA	频率范围
偏置电压（直流）：+10~+12Vdc	加速度：10~5KHz
最大冲击极限（峰值）：±2000g	速度：10~1KHz
振幅非线性：≤±1%	位移：10~1KHz
横向灵敏度比：≤5%	测量精度：±5%
温度范围：−40~120℃	显示：3位半LCD数字显示，采样周期2S
输出方式：BNC接头	报警输出：电器常开，负荷3A/AC250V或3A/DC30V。
外壳材料：不锈钢	变送输出：4～20mA（负载≤750Ω）精度优于±0.03%F.S.。

1.3 风机轴承箱测点改造

送风机是上鼓厂出产 TLT 动调轴流风机。轴承座与机壳之间留有足够距离，且有足够空间安装普通加速度传感器。风机轴承箱安装图如图 1 所示：

图 1 风机轴承座现场图

分别在风机轴承箱驱动端和自由端的水平、垂直和轴向方向分别打磨端面，钻孔，攻丝，螺纹紧固安装振动加速度传感器。信号线铠装后通过镀锌管（1 寸）将振动信号引出风机，镀锌管入口做防火封堵，信号线末端与振动变送器连接，放置在风机就地采集箱内。振动变送器输出 4~20mA 信号进入 DCS 作为监控。振动变送器上的 BNC 接口通过转接线能够输出电压信号与手持式分析仪表对接，采集、分析数据。

每台风机装有 2 个振动变送器和一个百兆交换机，变送器通过网线连接交换机，每台交换机通过网线连接形成环网。在信号良好的地点安装一台工业 4G 路由器，将所有采集的数据发送至云端。

图 2 就地数据采集箱

2 振动频谱在线监测系统应用

2.1 风机振动原因与特征

风机与电动机之间由联轴器连接，传递运动和转矩。风机转子系统异常振动及特征如表 2：

表 2 转子系统的异常振动类型及其特征

频带区域	主要异常振动原因	异常振动的特征
低频	不平衡	由于旋转体轴心周围的质量分布不均，振动频率一般与旋转频率相同
	不对中	当两根旋转轴用联轴器连接有偏移时，振动频率一般为旋转频率或高频
	轴弯曲	因旋转轴自身的弯曲变形而引起的震动，一般发生旋转频率的高次成分
	松动	因基础螺栓松动或轴承磨损而引起的振动，一般发生旋转频率的高次成分
	油膜振荡	在滑动轴承做强制润滑的旋转体中产生，振动频率为旋转频率的1/2倍左右

频带区域	主要异常振动原因	异常振动的特征
中频	压力脉动	发生在水泵、风机叶轮中，每当流体通过涡旋壳体时发生压力变动，如压力发生机构产生异常时，则压力脉动发生变化
	干扰振动	多发生在轴流式或离心式压缩机上，运行时在动静叶片间因叶轮和扩压器、喷嘴等干扰而发生的振动
高频	空穴作用	在流体机械中，由于局部压力下降而产生气泡，到达高压部分时气泡破裂，通常会发生随机的高频振动和噪声
	流体振动	在流体机械中，由于压力发生机构和密封件的异常而发生的一种涡流，也会产生随机的高频振动和噪声

2.2 振动采集与分析

2021 年 11 月 23 日起，华能长兴分公司 #1A 送风机热风再循环开至 100% 后，送风机轴承的水平和垂直振动都出现缓慢上升趋势。2022 年 2 月 4 日，#1A 送风机轴承水平振动一度达到 4mm/s；2 月 8 日，对 2 号炉 A 送风机进行现场检查，并结合振动频谱在线监测系统与手持式频谱分析仪采集各测点数据，对通频值及速度频谱进行分析。

手持式频谱仪：

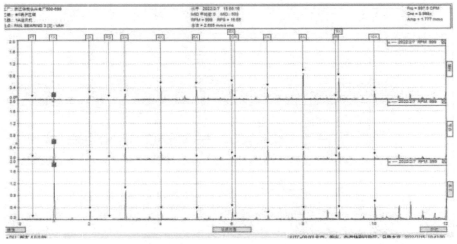

图 3 1A 送驱动端振动频谱（低频）1.777mm/s

续表

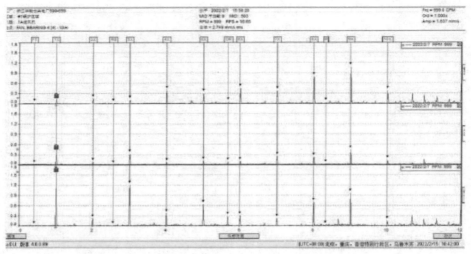

图 4 1A 送自由端振动频谱（低频）1.637mm/s

振动频谱在线监测系统：

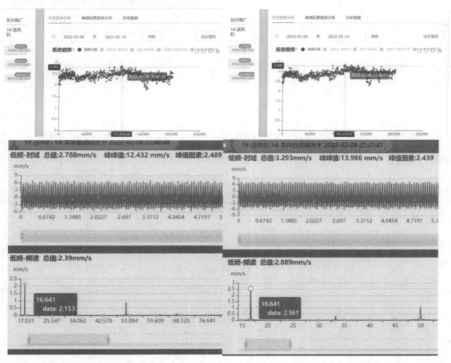

图 5 1A 送驱动端振动频谱　　　图 6 1A 送自由端振动频谱

频谱分析：#1A送风机通频振动最大值位于自由端水平方向，最大为3.298mm/s。对#1A送风机外壳进行手持式频谱分析，自由端和驱端水平振动均表现为1倍频为主（驱动端1.777mm/s，自由端1.637mm/s），存在不平衡故障。通过对近段时间振动幅值变化观察来看，振动幅值从2021年11月份热风再循环开启之后有缓慢增大趋势。初步考虑存在动叶片漂移以及叶片存在积灰的可能性，需后续揭盖检查确认。

2.3 解体验证及诊断结论

2022年2月11日，对1号锅炉采用风烟系统半边隔离方式，停运A送风机进行揭盖内部检查，揭盖检查发现叶片、轮毂及导流板、风筒位置处有大量积灰，叶片角度确认一致且无松动现象。对积灰进行清理，叶片叶根处做PT检查无异常。

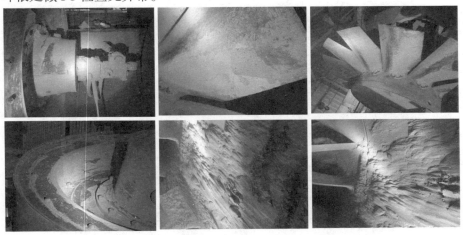

图7 1A送揭缸检查情况

经查历史曲线，对A送风机振动趋势增大进行分析，发现，自2021年10月19日1号机组因污泥接口调停启动后，A送风机水平及垂直振动一直处于相关较低值，自2021年11月23日，因气温降低原因，对送风系统开热风再循环后，该风机水平及垂直振动趋势升高，而B送风机无明显变化。确认AB侧送风机热风再循环存在不同步现象。（见图8）

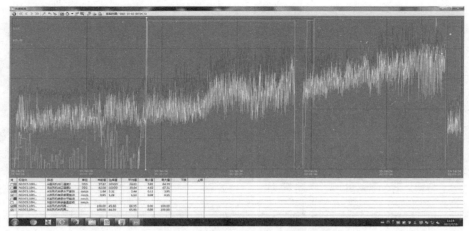

图 8 1A 送风机振动趋势图

同步检查 AB 送风机出口温度，发现在热风再循环系统未投运前，两台送风机出口风温基本一致，自 2021 年 11 月 23 日热风再循环投运后，发现在两台送风机运行工况相同、热风再循环风门开度一致、两台风机动叶开度、电流一致情况下，A 侧送风机出口风温较 B 侧低较多（A 侧平均温度较 B 侧低约 15–25 度，详见图 9），可以得出两侧热风风量存在偏差，排除系统阻力及空预器压差系统因素，分析认为 A 侧热风再循环风门实际开度与 SIS 开度存在偏差，或 A 侧热风再循环管道可能存在局部积灰情况。

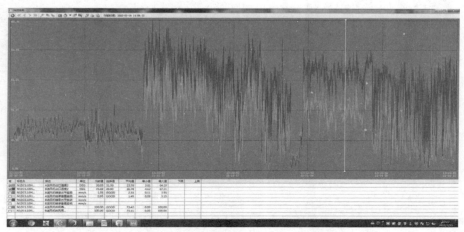

图 9 AB 侧送风机出口温度曲线

诊断结论为由于送风机热风再循环风门的开启，由于热风再循环为空预器出口热风，在空预器运行过程中，由于烟气携带，进入送风机入口热风存在飞灰，同时，在锅炉低负荷运行过程中，由于混合温度低，空气中湿度等原因，导致飞灰在送风机转子区域冷凝板结，引起转子不平衡。而B侧送风机出口风温较高，积灰因素较小，振动无明显变化。

2.4 缺陷处理及反馈

对叶片、轮毂及导流板、风筒位置积灰清理后，风机启动后，水平振动稳定在 1.6mm/s 左右，垂直振动在 1.0mm/s 左右。振动幅值明显下降。

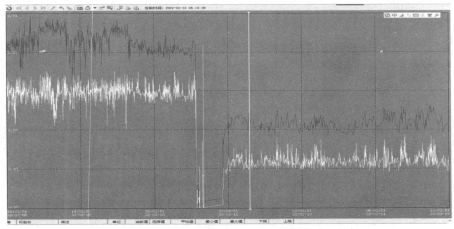

图 9 1A送风机处理前后振动曲线

运行操作人员在机组低负荷工况下，应注意适应控制送风机出口风压，确保热风再循环能起作用，在环境温度较低天气，保持空预器进口风温能在 20 度以上，一方面能减少空预器因入口风温过低而引起的冷端腐蚀，另一方面减少由于风机风压过低而引起的锅炉燃烧不稳定及风速过低而造成的飞灰堆积。

检修应加强对各风机的定期频谱分析，及时发现设备异常情况，同时在机组停运时，应对 AB 侧风机动叶、风门等设备进行校核，确保同步。

3 结语

频谱分析法是一种建立在多学科基础上的实用技术，这种诊断方式技术基础可靠，故障源判断准确率高[2]。但频谱数据的准确获取还依赖于振动传感器及数据传输的合理安装，振动频谱在线监测系统提供了一种解决该问题的示范。

参考文献：

[1] 陈莲芳，徐夕仁．风机振动故障诊断及处理 [J]．热能动力工程，2006，21（1）：96-98.

[2] 潘林．频谱分析法在齿轮故障诊断中的应用 [J]．化学工程与装备，2018，261（10）：257-259.